东京梦华录 大城小调

王明荪 编著

江苏凤凰文艺出版社

图书在版编目（CIP）数据

东京梦华录：大城小调 / 王明荪编著. -- 南京：江苏凤凰文艺出版社，2024.6. -- ISBN 978-7-5594-8785-8

Ⅰ. K296.13

中国国家版本馆CIP数据核字第2024DX7381号

著作权合同登记号：10-2024-109

版权所有©时报文化出版公司

本书版权经由时报文化出版公司授权北京时代华语国际传媒股份有限公司简体中文版，委托英商安德鲁纳伯格联合国际有限公司代理授权。非经书面同意，不得以任何形式任意重制、转载。

东京梦华录：大城小调

王明荪　编著

责任编辑	项雷达
图书策划	宁炳辉　马利敏
特约编辑	刘丹羽
装帧设计	时代华语设计组
出版发行	江苏凤凰文艺出版社
	南京市中央路165号，邮编：210009
网　　址	http://www.jswenyi.com
印　　刷	唐山富达印务有限公司
开　　本	880毫米×1230毫米　1/32
印　　张	7.5
字　　数	174千字
版　　次	2024年6月第1版
印　　次	2024年6月第1次印刷
书　　号	ISBN 978-7-5594-8785-8
定　　价	58.00元

江苏凤凰文艺版图书凡印刷、装订错误，可向出版社调换，联系电话025-83280257

总序
用经典滋养灵魂

龚鹏程

　　每个民族都有它自己的经典。经，指其所载之内容足以作为后世的纲维；典，谓其可为典范。因此它常被视为一切知识、价值观、世界观的依据或来源。早期只典守在神巫和大僚手上，后来则成为该民族累世传习、讽诵不辍的基本典籍，或称核心典籍，甚至是"圣书"。

　　中国文化总体上的经典是六经：《诗》《书》《礼》《乐》《易》《春秋》。依此而发展出来的各个学门或学派，另有其专业上的经典，如墨家有其《墨经》。老子后学也将其书视为经，战国时便开始有人替它作传、作解。兵家则有其《武经七书》。算家亦有《周髀算经》等所谓《算经十书》。流衍所及，竟至喝酒有《酒经》，饮茶有《茶经》，下棋有《弈经》，相鹤相马相牛亦皆有经。此类支流稗末，固然不能与六经相比肩，但它们代表了在各自那一个领域中的核心知识地位，是很显然的。

　　我国历代教育和社会文化，就是以六经为基础来发展的。直到清末废科举、立学堂以后才产生剧变。但当时新设的学堂虽仿洋制，却仍保留了读经课程，以示根本未隳。辛亥革命后，蔡元培担任教育总长才开始废除读经。接着，他主持北京大学时出现的新文化运动更进一步发起对传统文化的攻击。趋势竟由废弃文言，提倡白话文学，一直走到深入的反传统中去。

台湾的教育发展和社会文化意识，其实也一直以延续五四精神自居，故其反传统气氛及其体现于教育结构中者，与大陆不过程度略异而已，仅是社会中还遗存着若干传统社会的礼俗及观念罢了。后来，台湾才惕然警醒，开始提倡"文化复兴运动"，在学校课程中增加了经典的内容。但不叫读经，乃是摘选"四书"为《中国文化基本教材》，以为补充。另成立"文化复兴委员会"，开始做经典的白话注释，向社会推广。

文化复兴运动之功过，诚乎难言，此处也不必细说，总之是虽调整了西化的方向及反传统的势能，但对社会民众的文化意识，还没能起到普遍警醒的作用；了解传统、阅读经典，也还没成为风气或行动。

20世纪70年代后期，高信疆、柯元馨夫妇接掌了当时台湾第一大报《中国时报》的副刊与出版社编务，针对这个现象，遂策划了《中国历代经典宝库》这一大套书。精选影响人们最为深远的典籍，包括了六经及诸子、文艺各领域的经典，遍邀名家为之疏解，并附录原文以供参照，一时社会震动，风气丕变。

其所以震动社会，原因一是典籍选得精切。不蔓不枝，能体现传统文化的基本匡廓。二是体例确实。经典篇幅广狭不一、深浅悬隔，如《资治通鉴》那么庞大，《尚书》那么深奥，它们跟小说戏曲是截然不同的。如何在一套书里，用类似的体例来处理，很可以看出编辑人的功力。三是作者群涵盖了几乎全台湾的学术精英，群策群力，全面动员。这也是过去所没有的。四是编审严格。大部丛书，作者庞杂，集稿统稿就十分重要，否则便会出现良莠不齐之现象。这套书虽广征名家撰作，但在审定正讹、统一文字风格方面，确乎花了极大气力。再加上撰稿人都把这套书当成是写给自己子弟看的传家宝，写得特别矜慎，成绩当然非其他的书所能比。五是当时高信疆夫妇利用报社传播之便，将出版与报纸媒体做了最好、最彻底的结合，使得这套书成了家喻户晓、众所翘盼的文化甘霖，人人都想一沾法雨。六是当时出版采用豪华的小牛皮烫金装帧，精美大方，辅以雕花木柜。虽所费不赀，却是经济刚刚腾飞时一个中产家庭最好的文化陈设，书香家庭的想象，由此开始落实。许多家庭乃因买进这套书，仿佛种下了诗礼传家的根。

高先生综理编务，辅佐实际的是周安托兄。两君都是诗人，且侠情肝胆照人。中华文化复起、国魂再振、民气方舒，则是他们的理想，因此编这套书，似乎就是一场织梦之旅，号称传承经典，实则意拟宏开未来。

我很幸运，也曾参与到这一场歌唱青春的行列中，去贡献微末。先是与林明峪共同参与黄庆萱老师改写《西游记》的工作，继而再协助安托统稿，推敲是非，斟酌文辞。对整套书说不上有什么助益，自己倒是收获良多。

书成之后，好评如潮，数十年来一再改版翻印，直到现在。经典常读常新，当时对经典的现代解读目前也仍未过时，依旧在散光发热，滋养民族新一代的灵魂。只不过光阴毕竟可畏，安托与信疆俱已逝去，来不及看到他们播下的种子继续发芽生长了。

当年参与这套书的人很多，我仅是其中一员小将。聊述战场，回思天宝，所见不过如此，其实说不清楚它的实况。但这个小侧写，或许有助于今日阅读这套书的读者理解该书的价值与出版经纬，是为序。

致读者书

王明荪

亲爱的朋友：

《东京梦华录》是宋代有名的笔记，属于历史类的琐闻杂记。它记载了距今将近一千年的北宋都城汴京（河南开封）的情形，我们看到那个时期全国首善之地的形形色色，大到中央政府各机构的分布、宫廷阁楼的坐落、城市街坊的规模与分布，小至市民的饮食生活、歌院茶楼的盛况，甚至娶妻生子的民风礼俗、饭店、夜市所贩卖的各种饮食、杂物，都尽在眼底。读起来让人觉得有趣而亲切。

宋代商业发达、都市繁荣，平民阶层大量兴起，所以其时的作品描述的内容必有那时期的特色。《东京梦华录》一书所描述的并不是上层人的生活，而是一般平民的生活，是大城市里小市民的真实写照，可谓雅俗共赏。

在古代，笔记之类作品并没有多高地位，即使这类体裁的历史可上溯到汉代，乃至于先秦古籍中也有笔记的内容与形式，但总是不太受重视，当然也没给它应有的评价，因是"笔记贱伎"，或"街谈巷语、道听途说"之类，不但读者视它为茶余饭后的助谈、消遣解闷的闲书，作者本人也往往认为这是无关著述的。清代的大文人纪昀曾在《阅微草堂笔记》中记载："景薄桑榆，精神日减，无复著书之志；唯时作杂记，聊以消闲。"意思是说：年岁渐老，精神也日渐衰弱，不再有著书写作之心，只有偶尔记些笔记来当作消遣罢了！实际上笔记不能一概当作闲书，它的内容常有可观之处，保存了各类资料。通常历史、文学、民俗的资料最多，还有不少掌故、考据、科学等性质的东西在内，而一般"经典"之作未必能够看到这些。笔记还有一个特色，就是不拘体裁。这类著作的文笔不拘泥于形式，随意记述而生动活泼，也常带着具有时代性的俗字俚语。尽管如此，它却可以增广见闻，往往还能满足学术上所需要的数据。

《东京梦华录》与其他笔记一样，它的取材有地方志书和其他杂书，多半是作者的见闻。就历史的研究来说，北宋都市的经济、物质与文化生活，都是重要的资料来源，它绝不只是一本闲书。例如书中记载帝王出行、祭典的仪制，参观节庆游戏的盛况等，在正史中就无法找到，正史的礼志，只记典礼的大要，多不记细节。再如书中记载娶妻、育子等，从头至尾的过程都述说得相当仔细，当时的礼节习俗无不呈现眼前，这对民俗的研究有很大的帮助。又如书中说到娱乐场合的京瓦技艺，举凡各项杂耍、特技、说书、讲史、杂剧等名目，演艺人员、演出过程等都不遗巨细地加以叙述，是研究文学史的大好参考。又如书中提到各种商业行为、店市货摊的买卖、各类物品的出入、四季饮食的各种名堂，甚至于菜单、点心种类都一应俱全，不但有趣，在经济史的研究上，也是珍贵的资料。

《东京梦华录》一书的内容相当丰富，至少它提供了历史、民俗、文学、经济上的不少资料，尤其可贵的是，它以一般市民的生活为主，颇有原生态的生活气息。

目录

第一章 概说
一、作者与书 / 003
二、东京开封 / 007

第二章 城门与河桥
一、东京的新城及旧城 / 017
二、河道及桥 / 028

第三章 皇城与政府
一、大内皇城 / 037
二、内、外诸司各机构 / 045
三、军队的概说 / 056

第四章 街景与市容
一、御街及宣德楼前的街道建筑 / 063
二、朱雀门外街巷 / 065

目录

三、东角楼与潘楼东的街巷 /069

四、右掖门外及州桥东面的街巷 /074

五、相国寺的内外 /077

六、宫寺与庙宇 /082

七、医铺及其他 /085

第五章 饮食与生活

一、夜市及酒楼 /091

二、饭馆店摊及饮食 /094

三、杂卖与其他行业 /102

四、技艺的特写 /105

五、民性与习俗 /119

第六章 官方的节庆和仪卫

一、仪卫及皇室出行 /133

二、元月的节庆 /136

三、淡淡的三月天 /146

四、皇帝的生日 /162

五、寒冬的大礼 /172

第七章　民俗与节日

　　一、春的气息 / 183

　　二、夏日寂寥 / 191

　　三、秋兴正浓 / 196

　　四、冬年岁暖 / 203

附录　原典精选

　　附录一：宋徽宗艮岳记 / 209

　　附录二：教坊乐部 / 212

　　附录三：圆社摸场 / 215

　　附录四：小说 / 217

　　附录五：大起居 / 219

　　附录六：《宋史·礼志》中所记 / 221

第一章 概说

第一章 概说

一、作者与书

　　《东京梦华录》又简称为《梦华录》，或者称为《幽兰居士东京梦华录》。幽兰居士是作者孟元老的别号，作者的生平已无可考，本名也不能确知，"元老"可能是他的名字或者只是字。据清代藏书家常茂徕推测，作者就是宋徽宗时的户部侍郎孟揆，是当时京城一大名胜"艮岳"的督造人。原来北宋时道教发达，宋徽宗更是信奉道教，故而接受道士的风水说法，在京城上清宝箓宫之东筑了一座假山，名为"万岁山"，因山在"艮"方，故而又叫"艮岳"。"艮岳"建于宣和的壬寅年，即宣和四年（1122年），徽宗还亲自写了一篇纪念文章《艮岳记》（参见附录一）。以《梦华录》的内容来看，作者详细地记载了北宋汴京（开封）的建筑、街市、名胜，以及官方的机构、庆典等，可见他对一些宫廷的生活、仪典也非常熟悉，应可以约略推知作者的身份与职掌，那么像"艮岳"这样著名的胜迹何以只字不提？我们可以这样解释：因为宋徽宗生活奢靡，当时有个名叫朱勔的官员，为了迎合徽宗的喜好，采尽天下各地的花石来进贡，运送这些花石的船只，舳舻相望，号称为"花石纲"，并且还特别在苏州设了"应奉局"负责其事，这种花石之役使江浙一带的百姓受害最深，怨声载道而恨不得食朱勔之肉，这也曾引起地方上的叛乱。

　　"艮岳"就是用花石所筑，在这种背景之下的"罪迹"，必为天下后世所指责，故讳而不提，企图隐藏起来。根据这种推测，孟元老似乎就是孟揆了，不过却没有其他的证据来支持这种推测，因此只能备为一说，暂且存疑吧！

本书写成于绍兴丁卯年，也就是南宋初期的高宗时代，绍兴丁卯年是1147年，距离北宋灭亡约二十一年，作者就是追写北宋末年都城的情形，而大多是徽宗崇宁到钦宗靖康年间（1103—1127年）的往事。

书的内容包罗了许多方面，有各种各样的商店、街景、酒楼、饭店、摊贩等，穿着、饮食、娱乐也有极详细的描写。又因为是京城，所以宫廷的生活情形、朝廷的庆典活动，自然也免不了要呈现出来，同时对中央政府各机构的分布位置、门楼市区之规划等，在书中也有相当详细的记录。虽然这些都是采用回忆录式的叙述，像杂记一般，却能突现出那一时期京城的经济、百姓的生活，对我们来说，这本书建构了千年前一个中国城市的模型。

对学术而言，本书反映了一个历史时期的城市生活，活泼而丰富，成为有关经济史、社会史、文化史等方面的重要文献。至少有关中国商品经济上升时期的社会经济情况，新兴的市民阶层的物质、文化生活等状态，都留下了弥足珍贵的史料。

为了进一步了解作者写这本书的心意，现在不妨来看看他在书前所写的序文，他的自述是这样的：

> 我幼时借跟随先人到各地做官的机会，而游历了南北各地，在崇宁癸未年（1103年）到达京师，卜居于城西金梁桥西夹道的南方。而后渐渐长大成人，当时正在长期的太平日子之中，物品丰富，人口繁盛，孩童们喜学歌舞，老年人安稳度日，而不识干戈为何事。由于时节的不同，就有各种各

第一章 概说

样的景色，有灯宵、月夕、雪际、花时、乞巧、登高、教池、游苑等节庆宴游之景。若从城中举目望去，是青楼画阁，绣户珠帘，华丽的车子排满了街头，名贵的马匹络绎不绝地跑在路上，放眼是耀目的一片金翠，鼻嗅的尽是罗绮的飘香。在柳陌花街有巧笑的新声，在茶坊酒店有歌舞的管弦。那时各国各地的人才、物品都集中在此，因此市面上可见到四海的奇珍异宝，而餐馆里不乏各种口味的食品。这正是花光满路，何限春游；箫鼓喧天，几家夜宴！那情景是艺技巧妙惊人之耳目，而奢侈铺张令人叹为观止！

谈到政府方面的庆典，则有元夕、教池、郊拜等，还有公主、皇子们的婚姻大典，至于工程修建之壮丽，又有如明堂、鼎鼐之建铸等。要看享乐风光，有各级显贵达官的冶游宴乐；要看荣耀排场，有士人中举、武官授阶等。

我在京的数十年间，看遍了这种富丽奢华而仍不知足。一旦烽火兵灾来临后，只得在靖康丙午（1126年）的第二年离京南下，到了江南地方躲避战乱，此时心绪非常消沉没落，而岁月也渐渐步入了晚年。暗里回想往日的时光，节物之风流，人情之和美，都不过平添今日的惆怅。最近与亲友们谈天，说到当年的情景，后生晚辈们常常不能明了，我恐怕时间久后，谈论当时的风俗状况，可能会失于事实，这是非常可惜的，于是就回忆往昔而记录下来，编写成这本书，可使读者能看到当时的盛况。

古人曾有梦游华胥之国的故事，觉得有无比的快乐，但我今天追忆往事，回首怅然之情，岂不正像梦游华胥国一样？故而称为"梦华录"。不过以京师的浩繁盛大，以及有不曾经历之处，因此某些记载是得于旁人所述，不免或有缺失之地，如果有乡里宿德之人，能加以补充之，则不胜幸甚。关于本书俗话俚语，没有加以文饰的地方，是为了大家都能通晓之故，望读者能明察之！

绍兴丁卯年岁除日　幽兰居士孟元老序

在这篇序文中，明显能看出作者对当时京城的观点，可简单地以繁华、富足、奢侈来形容它。然则荣华富贵犹如过眼烟云，追忆往昔，又恍如一梦，在空余惆怅之际，孟元老写下了他岁月中最值得回忆之处，在文字之间，也塑造了栩栩如生的景象，使我们后人就其中可以重建当时的面貌，这不正与孟元老在序文中所说的心愿一样吗？

其次再举几个图书目录方面的看法。据《文献通考·经籍考》中说，南宋陈振孙的《直斋书录解题》，收有《东京梦华录》一卷，列在史部的地理类，陈氏认为书的前面几节中，全是记载京城宫阙、桥道坊曲等的详细情形，故而列入地理类中为宜。赵希弁为晁公武的《郡斋读书志》写附志，也列有《梦华录》一卷，同样放在史部的地理类中。他们都看重书中所记的社会生活、街市景物等。著名的《四库全书总目》，收有十卷的《东京梦华录》，是汪汝藻的家藏本，在提要中说出了本书记载的特点所在，从坊市、节俗，到典礼、仪卫，无不记述，虽然是识小之流，但朝章国制等，却杂在其中，而且与《宋史》中的记载偶有出入，正可用以互相考证，来辨定伪误之处。提要的说法正指出本书的重要价值的另一个方面。

关于本书的版本方面，现在流通的有下列几种：一是日本静嘉堂文库影印黄丕烈旧藏的元刊本，二是秀水金氏梅花草堂影印的汲古阁景写宋本，三是明代胡震亨的秘册汇函本，四是清代张海鹏的学津讨原本，五是涵芬楼据明钞百卷刊本《说郛》所引的刊本。

所谓静嘉堂文库的本子，原是明代顾元庆所藏之书，清代为黄丕烈所有，而后归陆心源，然后转入日本静嘉堂文库。这是较好的本子，可以校正秘册汇函本及学津讨原本，但静嘉堂的元刊本也不免有些许误字，故而仍需要其他本子来校勘。汲古阁的景写宋本，是指明代毛晋所藏，但张元济在《涵芬楼烬余书》录中，断定为景元的钞本，因此本书也就无所谓宋本了。至于《说郛》本，只在卷九十一中，引了孟元老的自序文，以及本书的卷二部分，不过亦与其他本子有所异同，仍值得拿来校勘之用。

二、东京开封

宋代政治制度中，设有四个"京府"，它们是东京开封府（河南开封）、西京洛阳府（河南洛阳）、北京大名府（河北大名）、南京应天府（河南商丘），这四个府不同于其他一般的府，而四京府中，又以东京为都城所在，地位更显得特殊。

以府作为政制单位大约始于唐代，在唐以前行州、郡之制，其下辖县。宋代的地方制度，府、州、军、监属同一级政制单位，但地位却有不同，府在同级中是最高的。京府则不属地方政制，而为中央直辖的单位，有点像今天的直辖市。

东京梦华录：大城小调

东京开封府在宋代建为都城以前的情形，可从沿革的大略中看出来。现在参考史书以及《河南通志》，与《开封府志》的沿革表作一简单说明：

在上古三代时期，开封属于兖、豫二州的范围之内，在春秋时代分别由许多邦国治理过，它们是郑、陈、许、蔡、东虢、杞、鄢、顿、项、沈、胡、戴十二国。战国时代属于魏国，并且建都于此，号为"大梁"。秦统一天下后，开封成为三川郡东北部的大城，后来又划为颍川郡的北部。到汉代时属于陈留郡，为兖州刺史辖下之地；东汉也是如此。三国时代属于魏，把陈留郡改为陈留国，仍然为兖州刺史所管辖。晋代依旧不变，但当时以"小黄"为陈留国的首邑，有人认为"小黄"就是开封。

南北朝时期南朝的宋把陈留国改回为陈留郡，后来为北方的魏所占有，把它放在梁州的范围之内。北魏分裂为东、西魏后，属于东魏的梁州，但开封、陈留分开为两个郡。北齐继续东魏的政权后，又把开封并回陈留郡之内，属于梁州的范围。北周并灭了北齐，把梁州改名为汴州，因为它面临着汴河之故。

隋初把陈留郡废除而以汴州替代，炀帝时期又把汴州废掉，其所统辖的县分别被并到荥阳与颍等郡之中，开封似乎是属于荥阳之内。唐代武德四年（621年）恢复为汴州之内，属于河南道。到天宝元年（742年）改属于陈留郡之内。乾元元年（758年）又恢复为汴州。上元二年（761年）在此建立了宣武军，朱全忠是宣武节度使，他后来建立了五代的第一个朝代——梁，于是把汴州升为开封府，并以之为都城。初期所统辖的县有六个，它们是开封、浚仪、陈留、雍丘、封上、尉氏，后来又增加了九个县。后唐把开封府降为汴州的宣武军，开封城又恢复回唐代末年的地位了。后晋天

第一章 概说

福三年(938年)仍沿袭后梁初年的建制,开封府又成为全国的都城。后汉、后周都依旧不改,一直到宋代也如此。

开封作为都城成为全国的政治中心,从上述的沿革看来,是从五代的后梁开始的。除去后唐以外,五代的四个朝代都以之为都城,宋代建国后也因袭不变。开封受到如此重视必定有其原因。若从秦汉一统天下的局势来看,都城的发展有由关中趋向关东的倾向,也就是渐向东方发展,下面就要对这个问题提出一个大略的解释。

首先看官方对于建都开封是怎么说的。后梁建都时颁布的诏书上说开封是"兴王之地",因为朱全忠建国之前是在这儿当宣武节度使的,也就是说开封一带是他的根据地。

后晋建都时则说,开封是"舟车所会,便于漕运",着重于交通发达的地理位置,为的是财经问题。

宋代也指出开封一带的交通地位,以及物产的富足与社会风气的良好,主要的还是重视它"处四达之会"的好条件,目的仍在财经上的漕运问题。

这些资料,已经明显地揭示出建都在开封的用意何在。现在我们再做进一步的解说,为什么那一时期财经问题会这样受重视?建都的条件要考虑哪些?开封又是否为最恰当的建都之地呢?

通常古代的都城较注重地势的险要,《易经》上说:"地险、山川丘陵也,王公设险以守其国。"就是以地理的险要在于山川丘陵的屏障,各邦国执政的王公们就是以这险要的地势来守卫领土,这成为古代的一个传统看法。

地理条件除去自然环境之外,还有物产、人情、风俗、交通等考虑,这些问题古人早有注意。例如《禹贡》里对九州岛的记载情形,《管子·水地》篇里谈到的各地特性与民俗,《庄子·天下》

篇里说到各地的文化与学术。《史记》以下的各正史中莫不谈论了上面各种问题，而且除去专门的篇章叙述外，还在其他地方提到这些问题的重要性。如《史记》有《河渠志》《平准书》等专门记录江流河川与民生经济；在《齐太公世家》中，又谈到太公望在封地营丘（山东临淄北）的经营。这都说明了所谓地理条件涉及的广泛，以及相互间的重要关系。顾祖禹的《读史方舆纪要》是谈当时全国的地理条件之巨著，虽然相关各问题间的综合讨论并不够，但也说明了地理环境在古代的重要性。

古代国都的选择，大都是以安全为最先考虑的条件，虽然地势好并不能保证绝对的安全，但相对可以减少敌人的威胁。若以宋代都城开封而言，实在不是一个地势良好的城市，较之洛阳为差，比于长安则更差。

开封的地理位置在黄淮平原，是暴露在黄河边的一片平地，除黄河外没有任何屏障。太行山以东的这块大平原本来就无险可守，北方长城一线在后晋建国时就落入辽国之手，就是石敬瑭割让给契丹人的燕云十六州。如果辽人由今天的北平骑兵南下，主要的国防线只有拒马河一道，这里已是涿县（今为涿州市）附近，也就是宋、辽分界的白沟河。敌骑沿着今京广铁路一线直下，几天就可到达黄河边，开封距河仅五十余里，一旦渡河就可直抵开封城，就这一方面看来，几乎是完全没有国防线可言。

至于山西一面，太原向北尚有五台山及雁门关之险，敌骑不易南下，况且陕县与潼关之间又有函谷关可守，若由黄淮平原南下，由今陇海铁路向西进，在荥阳县（今为荥阳市）以西尚有险可据，故而洛阳形势堪称险固，所谓四关之险要在此，左成皋，右函谷，前有伊阙，后背孟津，说明了开封不如洛阳。而长安在关中之地，

第一章 概说

自古就是形势最为险要的都邑,也就不必多说了。

在形势如此不利之下建都,自要担负极大的风险。北宋初朝野人士也并非不知这问题的重要性,但客观条件使得无法改变。因此,宋初建都这一国策就算是确立了。现在再举几个例子来看宋人的大体观点:

张方平说开封是四通八达的交通要地,但形势不如长安与洛阳。自从朱全忠建都于此,到石敬瑭割地,就造成了与强敌共平原之利,所以五代以来备受外敌威胁,就是因为没有屏障,以致国家根本没有安全的庇护。宋代建国并非不知利害所在,但实因有不得已的原因,那就是漕运便利。据此可以维持北方国防所需,兵力是要依靠粮草、物资来维持,而粮物是以漕运来充实,漕运就端靠河渠为主了。由此可知张方平确有清楚的观察,开封正是北方漕运的中心。

张洎也谈论到宋代因国防上的需要,必须有数十万兵马驻防北方,比以前的各朝代的负担都重,这大批兵马资源就要以开封为供应中心。宋太祖赵匡胤晚年曾打算迁都洛阳,然后再移往长安,可以使都有安全的屏障,这么一来,国家也不再因国防空虚而养大量的兵马,财政上也可以减轻许多负担,社会民生可以因之得到舒缓。但当时封为晋王的宋太宗,也就是赵匡胤之弟光义,却着重于现实漕运之利,主张仍旧以开封为都城。宋太祖颇不以为然,认为不出百年,天下的民力终究会消耗殆尽。他看到了因国防空虚而大量养兵,大量养兵必会带来财政上的大量负担,而且养兵未必真能解决国防问题。很不幸地,果然被宋太祖言中,百年后北宋终因财政上的困难,激起了变法改革。

范仲淹也曾经为建都问题提议迁都洛阳,并且建议应先在洛阳一带普遍设立储仓，规划建都的一切设施规模，但为主政者视之为迂阔之论，意思是说不着实际的纸上理论，不如迁就现实的开封之利。

宋真宗时，辽国大军南下，情势紧张之际，国家根本发生动摇，那时朝廷议论纷纷，迁都的意见也随之而起，如王钦若主张迁往南京，陈尧叟主张迁往四川，似乎没有主张往西到洛阳、长安的，足见这两地虽然形势较佳，但仍有其客观条件不足之处，这也是接下来我们要了解的。

原来北方经长期战乱，社会民生屡遭破坏，洛阳与长安两个古都受到的残破也多。大规模的兵灾从东汉末年开始，如董卓之乱，史书上说关中一带三百里地不见人烟。黄巾起义使北方生产力几陷于停顿，当时曹操迎汉献帝就是迁移往许昌，当时维持一个中央政府所需，就只余下那里可供应得起，这也无非是为了迁就客观条件。

南北朝初期北方战火不减，北魏以后渐渐复兴，隋唐又以关中地区为国家根本，两代的经营又恢复了盛况。但从唐代中期的安史之乱开始，北方又面临长期而大规模的动荡，加上地方各藩镇武力引起的兵乱，以及秦宗权、黄巢等大乱，不但长安、洛阳一带破毁极重，整个北方的生产已不能维持，物资几乎全要仰赖南方的供应，且此种情势愈演愈烈。

南方供应往北的物资都是由运河来运输的。由扬州北上沿今陇海一线通到开封，这是隋炀帝所造的通济渠。开封有河渠通黄河，再沿河可往洛阳，以至于长安，这两地也都有河渠接黄河来转运。换言之，唐代中期以后，物资非要靠南方给养，而运河就成为北方的生命线了。

第一章 概说

  若是接连黄河的渠道已淤坏，那么物资运到开封以后，其余转运就全靠陆上运送，耗费相当的人力、财力、时间。在唐代中期以后每年送到长安的米粮大约有四百万石到七百万石，这么可观的数目不是容易由陆上转运的，加之战乱时期根本也没有能力做转运，洛阳已运不到，长安更无希望，开封就是终点站了。

  谈到这里，可以知道唐、宋的国运是与运河分不开的。这个长期的发展所造成的客观条件，宋代一建国就得迁就它，这也是何以开封形势虽不利，五代时四个朝代要建都于此，宋代仍要建都于此的主要因素。前面提到一些宋人所见的利弊也莫不在此。

第二章 城门与河桥

一、东京的新城及旧城

东都既然是宋朝的京城,赞咏京城的诗赋自然也就极尽铺张之能事。其中著名的有杨侃的《皇畿赋》、周邦彦的《汴都赋》、李元叔的《广汴都赋》等,都曾分别歌咏当时汴京的繁华富丽。这些文章今天仍然可以看到,收集在吕祖谦所编的《宋文鉴》以及王明清的《玉照新志》两书中。

如周邦彦的《汴都赋》,他记载京都交通的发达情形是:

> 自淮而南,邦国之所仰,百姓之所输,金穀财帛,岁时常调,舳舻相衔,千里不绝,越舲吴艚,官艘贾舶,闽讴楚语,风帆雨楫,联翩方载,钲鼓镗鞳,人安以舒,国赋应节。

他记载当时各地货物集萃于京都的情形是:

> 顾中国之阛阓,丛货币而为市,议轻重以奠贾,正行列而平肆。竭五都之瑰富,备九州岛之货贿……其中则有安邑之枣,江陵之橘,陈夏之漆,齐鲁之麻,姜桂蕙蘡,丝帛布缕,鲐鲨鳅鲍,酿盐醢豉,或居肆以鼓炉橐,或鼓刀以屠狗彘。又有翳无间之珣玗,会稽之竹箭,华山之金石,梁山之犀象,霍山之珠玉,幽都之筋角,赤山之文皮,

与夫沉沙栖陆，异域所至，殊形妙状，目不给视，无所不有，不可殚纪。

虽然这种歌咏体裁的记载，不免有夸张之处，但也可供我们参考，以明白当时京城的富庶。

作为京城的开封，《梦华录》中开始部分记载的就是它的各个城门。因为古代的城市多有城墙围绕，自然有不少的城门出入，城门数目不定，而城也有一重、二重、三重之别。通常较大些的城市是二重，在里面的称为子城，或者小城、牙城等；在外面一重的称为罗城，或者大城。三重城的，则最内部的为子城，位置居中而稍偏向南，多为宫廷或者重要的行政官署之类；子城之外为第二层、第三层城壁，多为民房、寺庙和街市等。

开封是属于三重城墙者，最内部的为皇城，也就是所谓大内；在外的一层为旧城，又叫里城或者内城；最外的城叫新城或外城。《梦华录》记载了旧城与新城各个城门的位置，新城共记了十八个城门，旧城共记了十二个城门。现在来看看孟元老是如何记载的：

东都的外城，方圆四十余里，城壕的护城河名为护龙河，它阔有十余丈，壕的内外，都植了杨柳树，粉墙朱户，不得随意任人往来。城门都是瓮城三层，屈曲开门，只有四个正门是直门两重，而且都留有御道，这四个直通的正门是南熏门、新郑门、新宋门、封丘门。在新城壁的南面，有三个门：正南门就是南熏门，东南方是陈州门，旁边还有蔡河水门；在西南方为戴楼门，旁边也有个蔡河水门。蔡河的本名叫惠民河，因为通到蔡州之故，所以也就叫作

第二章 城门与河桥

蔡河了。

在东城一面有四个门,东南方的为东水门,是汴河下流的水门,这个水门横跨河上,有铁裹的窗门,到夜晚就如同水闸般地垂下水面;河两岸都有门,以利人们通行,出了拐子城,夹岸有百余丈。其次是新宋门,又叫新曹门,再其次为东北水门,这是五丈河的水门。

在西城一面有五个门(原文作四个门),从南方排列,最南是新郑门,其次为西水门,它是汴河上流的水门,再次为万胜门,再来是固子门,最后靠北的为西北水门,它是金水河的水门。

在北城一面有四个门,从东方算起,有陈桥门,是辽国(契丹)使者来往的驿路所经之门,其次为封丘门,是皇帝行北郊大礼的御路,再次为新酸枣门,最后为卫州门等。

上述的四方面城门,多半是用俗名称呼,它们都还有本名,也就是正名,例如西水门的本名是利泽门,新郑门的本名是顺天门,而固子门的本名是金耀门。

新城的设防相当周密,大约每隔百步就设有攻防之用的马面战棚,平日遵循严于守望、勤于修整的原则,看上去巍然壮观。在城里的各个通道两侧,都是榆柳成荫。大约每隔二百步设有一个防城库,储备有守御的战械。另外由"京城所"负责修治京城,它共有二十个指挥的单位人员。

孟元老所记的东都外城就如上述,若我们参考一些其他的历史数据来看,可以互相引证,也可以把《梦华录》所记的外城情形,再加以补充。

外城方圆四十余里,其实是四十八里二百二十三步,原来是宋以前的后周时代所筑，时间是周世宗显德二年（955年）四月。到了第二年，因为当地的土碱，又用郑州虎牢关的土来增筑，由彰信节度使韩通来负责，俗称"卧牛城"，这就是东都的外城，也叫作新城或罗城。但到宋代真宗大中祥符九年（1016年）又加以增建，宋神宗元丰元年（1078年）重修，到徽宗政和六年（1116年），由于宰相蔡京的意见，在城南面又加以扩充，并且移置了一些政府机构与军营等，于是新城就变成了周围达五十里一百六十五步。

宋代对于京城的修筑巩固非常重视，可以在此略微一提。例如著名的范仲淹，他曾出任过京城的长官，任内有"请速修东京城池"的奏议。当时他建议仁宗皇帝注重京城安全，因为开封的地理环境平坦而无险守，所以必要巩固城池之防。文中还引述了五代历史，说明开封如不能巩固，就易招致亡国之祸。范仲淹的看法正是针对国防安全而提出的，也提出了当时局势的隐忧，加强京城的防护能力，是最基本要做到的。

修治京城的专设机构，就是孟元老所说的京城所，它的全名是"广固隶修治京城所"。有时皇帝也差遣额外的人员来负责修城，如神宗就认为修治所费工、费财而没有成效，于是特别任命一名宦官宋用臣来主持其事。

除去中央直接指示修治京都的城池外，开封府本身也时常参与建议，例如神宗元丰元年的修整，开封府建议京城四壁的修筑工程，应留十步，以墙为卫，其余可容车马往来。神宗下的诏书是：在七步之外筑墙，所减少的三步，再添加两步，共留出五步为路，关于官、私房屋，如有妨碍的，以现址为准，在五步外筑墙为路，可以免去拆毁。至于因修筑京城而必须拆毁的房舍，都有详细的登记与检验，同时一定由政府补偿。

在宋人的笔记记载中，岳飞的后人岳珂写了一部《桯史》，他有一段说明北宋修筑京城的事情：首先说宋太祖曾先修城，形状蜿曲，而不是方正的规格。他说据故老耆旧的传言，最初由赵普来负责修治京城，内外的规划以方正为主，但太祖亲自把这设计图更改，采取了曲折的图形。当时的人似乎都不明白其妙，而且认为很不美观。到神宗修筑时，有意更改而后又作罢，只不过略为增建而已。徽宗时的蔡京，大加改变，以宦官来负责新修工程，将曲折之处拉直，尽成方矩的规格；同时将城墙装饰得异常华丽，已没有从前的坚实朴素了。等工程完成后，还大加庆祝，题诗作文以为纪念。没料到后来金兵南下攻城之际，统帅是粘罕、斡离不二人，他们到城下观察，露出得意之色，认为这种城池很容易攻下，就在城的四周立炮开火。因为城壁都被拉直，故而炮一击中城壁，就整片倒塌，露出一大面的空缺，京城竟然因之沦陷，北宋也就亡国了。可知早年宋太祖所定的规模，是具有军事工程的眼光，不想却被后代子孙们破坏无遗了。

在城门方面，孟元老所记的非常简明，现在综合其他的数据，再配合《梦华录》原有的记载来参看。

（一）南面，共有五个门：

1. 中间的是南熏门，在后周时叫景风门，于宋太宗太平兴国四年（979年）九月改名，是南面的正门。

2. 往东为普济门，是惠民河（蔡河）的水门，于宋太平兴国四年（979年）九月赐名。

3. 再往东为宣化门,在后周时为朱明门,于宋太平兴国四年(979年)九月改名,后来又改为陈州门。

4. 往西为广利门,也是惠民河的水门,于宋太平兴国四年(979年)九月赐名。

5. 再往西为安上门,在后周时为畏景门,于宋太平兴国四年(979年)九月改名。

(二)东面,共有五个门:

1. 最靠南的为上善门,是汴河的东水门,于宋太平兴国四年(979年)九月赐名。

2. 往北为通津门,也是汴河的东水门,于宋太平兴国四年(979年)九月赐名,在仁宗天圣(1023—1031年)初年曾改名为广津门,后来又恢复原名。

3. 再往北为朝阳门,后周时称为延春门,于宋太平兴国四年(979年)九月改名,后来又改名为新宋门,这就是东面的正门。

4. 再往北为含辉(含晖)门,后周时称为含辉门,于宋太平兴国四年(979年)九月改为寅宾门,后又恢复原名。

5. 最靠北的为善利门,是广济河(五丈河)的水门,于宋太平兴国四年(979年)九月赐名为咸通门,天圣初年又改成原名。

(三)西面,共有六个门:

1. 最靠南的是顺天门,后周时称为迎秋门,宋太平兴国四年(979年)九月改名,后来又改成新郑门,或称为郑门,是西面的正门。

2. 往北为大通门,是汴河南水门,宋太平兴国四年(979年)九月赐名,在天圣初年改为顺济门,后来又恢复原名。

3.再往北为宣泽门(利泽门),是汴河的北水门,于宋神宗熙宁十年(1077年)赐名。

4.再往北为开远门,宋太平兴国四年(979年)赐名为通远门,在天圣初年改为原名,又称为万胜门。

5.再往北为金耀门,后周时称为肃政门,宋太平兴国四年(979年)九月改名。这可能就是固子门,或称为金辉(金晖)门。

6.最靠北方的为咸丰门,是广济河(金水河)的西水门,宋太平兴国四年(979年)九月赐名。

(四)北面,共有五门:

1.中间的为通天门,周时称为玄德门,宋太平兴国四年(979年)九月改名,在天圣初年又改为宁德门,后来恢复原名。此门又称为封丘门、玄德门,是北面的正门。

2.往东的为景阳门,周时称为长景门,宋太平兴国四年(979年)九月改名,又称为陈桥门。

3.再往东的为永泰门,周时称为爱景门,宋太平兴国四年(979年)九月改名,又称为新酸枣门。

4.往西的为安肃门,宋初时称卫州门,宋太平兴国四年(979年)九月改名。

5.再往西的为永顺门,是广济河的上南水门,宋神宗熙宁十年(1077年)赐名。

以上记述了外城的二十一个门,这与孟元老所记多出三个门,《梦华录》所缺记的,是在北面的永顺水门,在西面的汴河两个水门,只记了一个,而且仅说汴河上的水门为西水门,但大通与宣泽两门都可称为汴河西方的水门,一个位在北,一个位在南,不知是否以其中之一为代表。在东面的也是一样，少记一个汴河东方的水门，通津、上善两门都是汴东的水面，不过《梦华录》中说"东水门，乃汴河下流水门也，其门跨河……两岸各有门，通人行路"，不知是否指通津、上善的两门为"两岸各有门"。照理说应该不是，其所说的东水门应是指通津门。在南面的门并不少，虽然文中说南面有三门，那是指列名出来的三门，都是路上之城门，水门的名称没有写出来，但却指出有两个蔡河的水门。

如此看来，孟元老所记的城门可以说是与其他所载相同，可见《梦华录》的可信度是相当高的，所疏漏之处是水门略不齐全，但却也没有忽略水门。其次是北面城门排列的秩序略有出入，再者是原名与改名等情形多没有记录。但我们要知道孟元老并不是因学术上的研究而写作，只是回忆录的笔记，是当时人所见所知的记载，即便如此其价值已甚高，何况其正确性还是相当高的。在书中其他地方的记载也应作如是观。

另外要一提的是，城门的命名都有其意义，尤其有的是跟地理方向有关的，例如说新郑门，因为它通往郑州之故。新酸枣门，因为它通往延津县，也就是酸枣县。陈桥门是通往陈桥驿，也就是宋太祖"陈桥兵变"的所在。固子门是在固子桥之上，欧阳修的"归田录"中说饮于固子桥，即为此地，由于桥下叠石为固，因而得名。

如果把外城的各门做一简略的排列，它的情形如下图。

第二章 城门与河桥

北

永泰（新酸枣、爱景）
长景（陈桥、景阳）
通天（封丘、宁德、玄德）
安肃（卫州）
永顺

西

咸丰
金耀（金辉、金晖、固子、肃政）
开远（通远、万胜）
宣泽（利泽）
大通（顺济）
顺天（新郑、迎秋、郑）

东

善利（咸通）
含晖（新曹、寅宾、含辉）
朝阳（新宋、延春）
通津（广津）
上善

南

宣化（陈州、朱明）
普济
南熏（景风）
广利
安上（戴楼、畏景）

旧京城在《梦华录》原来的记载很少，只写出了四面城门：方圆约有二十里，南壁的城门有三，朱雀门在正南，左边是保康门，右边是新门（左、右的方向是以坐北朝南的方向而定）。东壁的城

• 025

门也有三个,南汴河南岸的角门子,河北岸的旧宋门,以及旧曹门。西壁的三个城门是:靠南的旧郑门,其次往北为汴河北岸的角门子,再往北的为梁门。北壁的三个城门从东方算起,依次为旧封丘门、景龙门、金水门,而景龙门就是大内皇城的宝箓宫前之门。

这旧城就是五代时后唐的汴州城,是建中二年(781年)时,节度使李勉所重新修建。到宋初时号称为"阙城",也就是里城。它方圆有二十里一百五十五步。各个城门也都有其旧名,全都在宋太宗太平兴国四年九月时改名,这与外城的情形一样,现在也将之排比于下:

(一)南面

1. 正南的朱雀门,后梁时称为高明门,后晋时称熏风门。

2. 靠东方的保康门,是宋真宗大中祥符五年(1012年)时赐名。

3. 靠西方的为崇明门,也就是新门,在后周时称为兴礼门。

(二)东面

1. 靠南的为丽景门,也就是旧宋门,在后梁时称为观化门,后晋时称为仁和门。

2. 靠北的为望春门,也就是旧曹门,在后梁时称为建阳门,后晋时称为迎初门,宋初称为和政门。

3. 南汴河南岸的角门子,在一般数据中多不记载,可能是个小的水门,位置应在前二门的南方。

(三)西面

1. 靠南的为宜秋门,也就是旧郑门,在后梁称为开明门,后晋时称为金义门。

2. 往北的为汴河北岸角门子,情形如前,也未被一般资料记载。

3. 最北方的为阊阖门,也就是梁门,在后梁称为乾象门,后晋称为乾明门,宋初时称为乾秋门。

(四)北面

1. 中间的为景龙门,在后梁称为兴和门,后晋称为玄化门。

2. 靠东方的为安远门,也就是旧封丘,在后梁称为含辉门,后晋称为宜阳门。

3. 靠西方的为天波门,也就是金水门,在后梁称为大安门。

同样地,也将这些旧城的各门配成略图如下图。

北

安远(旧封丘、含辉、宜阳)
景龙(兴和、旧酸枣、玄化)
天波(金水、大安)

西

阊阖(梁、千秋、乾明、乾象)
汴北角门子
宜秋(旧郑、开明、金义)

东

望春(旧曹、建阳、迎初、和政)
丽景(旧宋、观化、仁和)
汴南角门子

保康
朱雀(高明、熏风)
崇明(新、兴礼)

南

二、河道及桥

孟元老记载汴京的河道有四条，河上的桥非常之多。

南面的河为蔡河，它从陈、蔡二州流来，由西南的戴楼门进入，缭绕往东南的陈州门而出。河上的桥有十一（应该是十三）。在陈州门里的为观桥，位在五岳观的后门。往北方算起，依次为宣泰桥、云骑桥、横桥子。横桥在彭婆婆宅之前，再来是高桥、西保康门桥、龙津桥。龙津桥正对着大内皇宫。再有是新桥，以及高殿前（殿前是官名的简称，指殿前军指挥使，为高级之军事将领，高殿前即为高俅），屋前的太平桥，另外还有粜麦桥、第一座桥、宜男桥，以及出戴楼门外的四里桥。

由中间穿城而入的为汴河，它从西京（洛阳）的洛口分水而来，往东流到泗州而入淮河，这样河道可以运送东南的粮米。凡是东南的物资都由此而入京城，成为一条重要的生命线。从东水门外七里，到西水门外，河上的桥有十三座。在东水门外七里的第一座桥是虹桥，这桥没有桥柱，以巨木凌空虚架，有如飞虹横卧一般，木上雕饰有红色的船形图案，非常壮观，著名的《清明上河图》画的就是这个景色。其二为顺成仓桥，其三为进入水门里的便桥，四为下土桥，五为上土桥。后两座桥的结构、造型与虹桥相似。六为投西角子门的相国寺桥，七为天汉桥，也叫州桥，它正对着大内的御街，这桥与相国寺桥都筑得低平，一般船只无法通过，只有一种叫西河平船的可以通行。青石是主要材料，桥柱、梁、笋、楯栏全都是石材，在近桥的两岸，还立有石壁，上面雕刻了海马、水兽、飞云等

第二章 城门与河桥

图饰,桥下排列紧密的石柱,坚固异常,因为这是皇帝车马所行的御路,所以工程非常讲究。在州桥的北岸御路两旁,楼台对立,在桥的西面有方浅船二艘,船头有巨大的铁枪数条,岸上则有铁链三条,入夜即把这些铁链绞到水面上,为的是预防失火的船只流来,作阻挡之用。

往西方去有浚仪桥、兴国寺桥,这桥原名为马军衙桥。再来有太师府桥,这在宰相蔡京宅府之前,蔡京进位为太师,所以就有这称呼。其次有金梁桥、西浮桥,这桥原用船来做成,后来才改用木石建造。再来就是西水门便桥,以及门外的横桥。

从东北方而入的是五丈河,它由山东济州流来,专门为搬运京东路一带的粮米入京。这条又被称为广济河的水,由新曹门之北进入京城,河上的桥有五座,分别是小横桥、广备桥、蔡市桥、青晖桥、梁院桥。

从西北方而来的是金水河,自京城的西南方分导京、索河水来筑堤,引水从汴河上用木槽架过,再由西北的水门流到京城里来。两岸仍筑墙堤为道,水流进大内宫廷的后苑,可以灌入池塘里。这河上有三座桥,名为白虎桥、横桥、五王宫桥。

在曹门有座小河子桥,名为念佛桥,原来"内诸司"(详后)中有辇官与亲事官,官兵们的营房都在曹门,凌晨入宫值班时,要经过此桥。曾碰到桥上有个盲人在念经求化缘,故而就称这桥为念佛桥了。

以上是《梦华录》里记载的河道与桥的情形,简要地提到各河流的重要性,又详细记述各桥的名称,以及虹桥、州桥等的状况。

汴河、蔡河、五丈河在漕运上最为重要。宋初就开始浚疏这三河,它们与黄河合称为"四河"。其中汴河的地位较高,这些情形有不少的资料可以证明。例如《宋史》在至道元年（995年）的记载，张洎对太宗说："今天下有将士数十万人，战马数十万匹，大都集中在京城附近，并结合了七个亡国的士民于此，比于汉、唐时的京城，要富庶十倍左右。虽时有水、旱之灾，但不致匮乏的原因，是靠着惠民、金水、五丈、汴水四条河渠之故，四处交通，汇合于京城，舳舻相接地运输物资而来，供官、民之用。其中以汴河功用最大，天下财富的半数，全国的百货物品，都是靠这条河道而来的。"

宋史上有过两个统计北宋粮运情形的记载，其一为："在开宝五年（972年）时，由汴、蔡两河运来江、淮的米粮，有数十万石。"

其二为："至道初（995年）汴河运米有五百八十万石，大中祥符（1008年）初达到七百万石，江南、淮南、两浙、荆湖等地的租枲，在真、扬、楚、泗等州设仓库收受，再分别派船运入汴河，然后沿汴河运到都城来。"

宋史上记神宗熙宁四年（1071年）时，张方平特别强调汴河的重要性，他说："国家的漕运，是以河渠为主。在国家的初年，就注重三条河渠（汴、蔡、五丈）的疏通。自从定立了每年上供的数额，汴河是六百万石，五丈河是六十二万石，蔡河是六十万石。蔡河所运是供给太康、咸平、尉氏等县的驻军粮食，汴河专门运送稻米，兼运些小麦，这些是仓库中真正所积蓄的食粮，现在政府的粮食，不只要供给军方，还要供给京城一带为数庞大的官、民们，故而漕运之事，是国家最急迫又最重要的事，其中的汴河真是建国的根本，不能当作一般的水利渠道来看待的。"

汴河既是当时南北水上交通的主干，也是财经上的动脉，所以对于它的讨论很多。有关的重要史料如欧阳修的《于役志》：欧阳

第二章 城门与河桥

修于仁宗景祐三年（1036年）被贬官到夷陵[湖北宜昌县（今宜昌市）东南]时所写的；楼钥的《北行日录》：楼钥是南宋人，在孝宗乾道五年（1169年）奉命出使金国，这本书是他把在北方所见所闻写下来而成；同时期的范成大，也出使过金国，著有《揽辔录》一书。上面这些史料可说是当时人所见而记录下来的，属于原始材料，记载的范围又特别精专，非常难得。其他又如乐史的《太平寰宇记》、王存的《元丰九域志》、欧阳忞的《舆地广纪》、王象之的《舆地记胜》等，这些撰修、编纂的地理书籍，也很有参考价值。

介绍这些资料的意思，是说明宋代有关地理方面的书籍不少，当时人很注重这些问题，而我们后代人也可以借此了解那时的状况。现在综合一些资料，再把有关这些河道的一般情形做个叙述，因为它们对京城，以至于整个北方都是非常重要的。

汴河是四条河道中最重要的一条。除了前面已经谈过的几条记载外，有关汴河的水流问题也有记载。每年自春到冬，要在河口调节水势，深止于六尺，以通行的载重量为准，因为它要漕运江、淮、湖、浙等地的米粮数百万石之故，而东南地区的物产也主要靠它运送，水流的调节成为重点的工作。

汴河是受黄河之口，通属淮、泗水，河道不免受到影响，如决水、停航、淤积等困扰。决水的情形在开宝二年（969年）七月，宋州夏邑县受到水患，在淳化二年（991年）六月，浚仪县水患，坏了堤防而淹去民田。景祐元年（1034年）闰六月，淮河、汴河相连决堤，几乎淹没了整个泗州。

汴河受黄河的影响，有停航期，每年大约自仲冬到季春停航，就是阴历十一月到第二年的三月初为止。所以汴河通航期数一年只有二百天左右。停航期可以开展修堤防、疏河道等工程。

黄河流入的水使汴河日渐淤积，在宋朝初期，几乎每年要疏浚一次，后来变成三五年一次，再往后就逐渐疏于疏浚了。沈括在《梦溪笔谈》里记载了这情形，他说道：

"国家对于汴渠是每年疏浚一次，动用京城周边三十多县的人力来做……后来定为三年疏浚一次，让京城的民官来兼负这种任务，作为常任的职责。久了以后，这种沟洫工程又渐渐废弛，地方官空有疏河的头衔，而汴渠有至于二十年不疏浚的，年年沉积下来。在以前尚书省的都堂壁记上记有'疏治八渠，南入汴水'之事，就是指这种疏浚工程。自从汴河沉积后，京城东水门以下，到雍丘、襄邑等县，河底全部高出堤防外有一丈二尺多；如果由堤防上往下看，民房好像在深谷之中。"

由此可知疏通河道是多么重要的工作，不只是漕运交通的问题，还有人民生命、财产的安全问题。疏河的工程日渐荒废，有时与官方的策略有关。因为有的人为了裁减工程所费的劳工、钱财等，作为政绩的表现，故而不主动去疏河。

疏河工程方面有所谓"狭河法"，这方面是说从泗州以上到南京（应天府、河南商丘）一带，水道直流，不必修治。从南京以上到汴口，水面较阔而散漫，因此水浅；应该从南京的都门外三百里，将河水两岸修狭窄，使河水受扼束，可以变成水深的情势，等三五年后，看情形再修汴口到京都东水门外的一段，如此可成大功。这个"狭河法"与另外一种"束水法"相似，都是规束河水，使水加深，而河面不致太宽阔的方法。

不过，讨论修治汴河的意见极多，每个方法也多有人提出异议。还有提出开辟新河道以取代日渐淤积而工程麻烦的汴河，也有提出引洛水入汴，以取代黄河之水，至于沿河栽植柳、榆等树以防水患，自然是不会忽视的老方法。

金水河与五丈河都是相通的两个渠道，可统称为广济渠，金水河有称为上广济渠者，五丈河则为下广济渠，这个渠道与惠民河，在一段不短的时间里已没有漕运的功能，使汴河成为唯一的依赖，所以宋代才会对汴河如此注重，而有关的记载也才会很多。张方平在神宗熙宁五年（1072年）时就说："近几年来，广济渠已不用了，而惠民河也没有米粮运来，汴河便成为众人生命的依赖。但由于议论纷纷，我恐怕因而常作更改，使汴河不复有往日的作用，这是有关国家的根本大计，绝不是普通的小事。"

广济河的水运，大约在哲宗元祐元年（1086年）再度疏通，仍是引京、索、须等河的河水而来。如同《梦华录》中所记，引水架漕流入京城，这是指金水河的一段，它经过城中往东汇合五丈河。不过据宋朝人的笔记记载，金水河透过所架的水漕，使水流回汴河，另外由北方引洛水流入京城的宫廷之中，所以赐名为天源河。但是因为妨碍舟船行驶，每等船来时，要把水漕开启才能通过，于是改由城西方由屋宇之上引洛水，在咸丰门立堤防，长有三千三十步，水漕就此不复再用。这样在西城的上广济河，有指金水河而言，也有指天源河。

宋朝人的笔记中还有不少专门谈到京城的汴河事故，有许多与《梦华录》所写相同，就不再重复，现在随手举些其他例子来看：

在汴河旧底下，曾立有石板、石人，用来计算距离，每年在开始疏通河道时，就以这石板、石人为准则，这样标准固定，工作量不致有多或少，所以百姓们出劳役也有标准，达到即可，不会滥用民力。京城的水门有内外八个，因此河水在地中流通，而城中即使下大雨也不会有水灾，可知京城中水道的规划是非常完善的。

按照旧例，汴河在十月里是停航时期。王安石主政时，打算在冬天也继续通行，于是下令开放航路。冬天水本就浅，船已不便行驶，加上有冰的流水撞磨船只，所以设了破冰船，用船前的巨碓来打碎冰块。由于天寒地冻，又有危险或意外，因此而死去不少人。京城曾流传着这么一段谚语："以前有个磨，磨子用来磨浆水，今天有个碓，碓子用来捣寒冬！"

京城的河道多，沟渠深广，许多不法分子都藏匿其中，他们称为"无忧洞"，甚至于掳掠妇女藏置其中。尤其在战争动乱时候，这种情形最为猖獗，即使是有才干的官员，也无法将这批匪类清除。这是京城黑暗的一面。

河道在京城引起的灾难也有几种。一种是交通事故，就是船只互撞，船毁而人亡；一种是舟船失火，因为顺流而下，就可能烧到城门，殃及岸旁的屋舍等；还有一种不幸事件，由于汴水流势湍急，有人失足掉下，多半被冲走身亡，只有在河旁加修短墙之类的护堤，才能稍稍避免遭到意外。

这些零星的记载，都可以帮助我们了解宋代京城的河道，《梦华录》也是如此，只不过有的地方没有作很详尽的记载，所以当我们补充了一些书外的其他资料时，一方面可以互相印证，另一方面使得更加完善。

第三章 皇城与政府

第三章 皇城与政府

一、大内皇城

大内皇城的正门为宣德楼,楼有五门并列,门都由大红朱漆,配上金钉,墙壁都是砖石砌成,间或雕镂龙凤、飞云等图形,层层的屋檐栋梁,也都雕饰了各种图案。屋顶是用琉璃瓦来盖的,整座楼都是朱栏彩槛,异常华丽。楼前两旁有两亭对立,中间有大红颜色的杈子,杈子就是矩马、行马、鹿角,是用来禁止通行的挡路工具。

进入宣德楼的正门,就是大庆殿。殿庭极为宽广,庭中有两楼,有如寺院的钟楼,就叫钟鼓楼。上面有主管天文、历法的太史局保章正,这个官在那儿测验刻漏,按时记录及报告。工作的方式是每时刻作鸡唱、鸣鼓一下,于是有一个穿绿色衣服的人,手拿着牙牌奏报。每刻称为某时几棒鼓,一时就称某时正。关于刻漏的情形,我们还可以参见沈括《梦溪笔谈》中的说明。

大庆殿正如其名,每遇大型庆典活动,如车驾斋宿、正朔的朝会,都在这里举行,殿庭广阔到可容纳数万人。车驾斋宿是指皇帝出行,驾临大庆殿而夜宿,在冬至的前三天,有壮观的大典举行。

文武百官都穿着礼服,从头戴的帽冠可以看出官阶品级。宰相、执政、亲王等佩戴异常华贵,其余各官也都有规定的仪容,宰执亲王等特别加貂蝉笼巾九梁,从官为七梁,有的为六梁到二梁等不定。所谓"梁",是指帽前额的梁上排有金铜叶子的点缀,几梁就是排几片叶子;但这种"梁",似乎是得自传说,在宋代的礼仪服制中,并没有这种说法。而且孟元老所说的金铜叶子,恐怕与古代所谓的"梁"颇有出入。

衣服方面是绛红色带皂黑色的边,方心曲领,有环佩,云头的履鞋,手上拿的笏,要以官品而定。其余办事的人员,都头戴介帻,穿红色袍子,也因地位而有差别。只有合门与御史台两单位官员不同,只加上方心曲领而已。入大庆殿后,办事人员分发牌号,这两单位的官员是拿黄方号,其余的不是黄长号,就是红方长号,照牌号而到一定的位置去。

仪队车马等叫作"信幡",包括有龙旗、相风乌、指南车、木辂、象辂、革辂、金辂、玉辂之类,都按照《三礼图》中所说而定。辂就是较大的车子,相风乌是车上立一长竿,竿尾刻木为乌,垂鹅毛缠着红色的带子,下端有一小盘子,周边有红色的布裙绣有乌形。《三礼图》原是周世宗时的聂崇义奉命编纂,全书共有二十卷,根据以前郑康成、阮谌等人的《六家图》而定,到宋初时才奏上。

大庆殿门的内外,以及御街的远近,都照仪式排列,禁卫部队是全副武装,数万名铁骑围绕着大内皇城。在大型庆典的夜里,除去内殿的仪卫外,还有一种叫作"喝探兵士"的,他们头上紧戴着花边的小帽,穿着用花线缝制的衣服,手拿着银头黑色的杖子,十几个人组成一队,共有数十队。各队中总有一名士兵喊着:"是与不是?"大家回答道:"是。""是什么?"大家又回答:"殿前都指挥使高俅。"就这样,各队互相喝叫不停。有时候又模仿鸡叫。这些恐怕都是当时的一些习惯吧!高俅是书童之类的出身,他写得一手好字,而最大的专长是善于踢球,在偶然的机会中为徽宗皇帝所赏识,于是日渐亲信,功名富贵也随之而来,成为当朝的大红人了。

在宣德门外又布置了警场,称为"武严士兵",兵士都是头戴小帽,额头有黄色绣线,身穿青色窄衬衫,外罩黄绣宽衫,在日出时、三更时，都要"奏严"。所谓"奏严"，是先吹号角，吹完后，一名军校官手拿着上面捆着朱红色拂子的软藤条，打鼓手就看着这红色的拂子，随着高或低来打鼓，也就是以鼓声来应拂子。

在大庆殿外，左右的两道横门叫作左、右长庆门。在内城的南方，还有三座门，是大朝会时所走的道路。宣德楼左边叫左掖门，里面有明堂，这是祭祀天地与祖先的地方，与太庙相似。右掖门里往西走，有天章阁、宝文阁等。天章阁是天禧四年（1020年）所建，以真宗在位时受天书祥符之故，取"章于天"之义，里面收集着真宗时的一些宝物、古玩等，还有皇室的家谱、族属、画卷等。天章阁又分为四个殿，东方为群玉殿，西方为蕊珠殿，北方为寿昌殿，南方为延康殿。至于宝文阁，位置在天章阁的东西序列，也就是群玉、蕊珠二殿的北面，其实就是寿昌殿，到仁宗庆历初改名为宝文阁。英宗即位时，把仁宗所有的书字、收藏等，都放置在了宝文阁中。

从宫城到北廊，有百余丈远，那里有枢密院、中书省、都堂、门下省等最高行政中枢，都堂是宰相退朝后的办事地方。再来就是大庆殿外廊的横门，往北走百余步，又有一横门，这是宰执每天上朝时的下马之处，其他的侍从、台谏等人员，在第一横门就下马，行到文德殿入第二横门。东廊有大庆殿东偏门，西廊有中书、门下后省，其次是修国史院，再其次为南向的小角门，它正对着文德殿，这里是平时上朝的地方。

在文德殿前有东、西大街，东面出东华门，西面出西华门。近身又有两门相对，就是左、右嘉肃门，往南去是左、右银台门。从东华门往里是皇太子宫，由此可进入嘉肃门。

街南是大庆殿后门，东、西上阁门；街北是宣佑门，南、北大街西廊，在东面是凝晖殿，可通到会通门而进入禁中之路。殿相对的是东廊楼门，这里有殿中省的六尚局御厨。在殿上经常有两重的禁卫，时时刻刻负责警戒，门户出入非常森严。在近里之中，都是近侍亲贵们，在殿之外，都是些知省、御药、幕士、供奉走使唤的"快行"，负责宫廷洒扫、巡察的亲从官，辇官、打杂服役的车子院、黄院子等单位，以及内诸司的兵士们。宣召、晋见入宫，宫廷内买货、进货等，都是由这里进出。

各司里的人，自己也买卖饮食珍奇之物，在外边市面上是看不到的。每当早、晚进餐之时，从殿中省对着凝晖殿，而成行成列的卫士站岗，不得穿越规定的门栏。在省门上有一个人负责呼喝召唤，称为"拨食家"；还有被称为"院子家"的：穿紫衣、头裹着幞巾，巾角曲折向后；另有称为"泛索"的：手托一盒笼罩，上有黄色绣龙的盒衣，左手拿着一块红罗绣巾，由此出入，大概拿进十多盒，接着又拿进二十多个金瓜盒，这些都是珍贵宝货，随时听候传唤拿取。

由宣佑门外往西去为紫宸殿，这是正朔时皇帝受朝之地。其次为文德殿，是皇帝平常上朝之地。其次为垂拱殿、皇仪殿，还有皇帝举行宴会，以及举行科举考试的集英殿。后殿为崇政殿、保和殿，内书阁的睿思殿。

后门称为拱辰门。在东华门外的商店最多，是专为宫廷买卖的，有时新的花果、饮食等，如鱼虾鳖蟹、鹑兔鸡鸭、腊肉、金玉珍玩、衣着等，都是罕见的天下珍品。若要下酒的饮食，随时都可买到。至于岁时的瓜果、蔬菜新上市，每对可卖到三五十千文。负责皇帝饮食的单位，都争相出价采购。

关于皇宫大内的记载，孟元老做了如上叙述，其中一些地方有做进一步说明的必要。

第三章　皇城与政府

大内宫廷位置在里城的西北。宫城的周围有五里之长，原来是五代时后梁的建昌宫，后来成为后唐的宣武军节度使之治所，也就是官府衙门的所在，后晋时为大宁宫。后周时曾修建过，到宋朝初的建隆三年（962年）五月，太祖命令扩充宫城，以洛阳宫殿为蓝本，按图来修建。

大内的单位繁杂，宫舍殿宇名目也多，其他书中所记载的情形，有些与《梦华录》所说略有出入，这些在后面再做介绍，以便我们参考而比较之。现在来看几个机构在大内的职责与位置。

枢密院是宋代掌军机国防的重要机构，它位置在宫廷阙门的西南面，中书省的北方，号为西府。它与中书省分别掌握全国文、武两项政务，并称为二府。东府即中书省，有参政来辅佐政务，西府的枢密院则有枢密副使为辅佐，官印也有东院、西院的分别。在神宗元丰年间改革官制时，曾将枢密院的地址迁移到中书省之西，这样似乎更能合乎所谓东院、西院的称呼。那时也有人建议废除枢密院，把政务合并到兵部之中，兵部本是管军事的，这样可以裁省合并。但神宗以为早年太祖之意就是特别要分立枢密院，使军令与军政分开，可以互相牵制，不可废除，于是将枢密院的首长定名为"知院""同知院"二人。除去国防军机仍属其主要职掌外，和契丹使节往来、民兵、牧马等事也在枢密院的职权之内。

由于宋代官制复杂紊乱，又历经几次更改，就不再做详细说明。关于三省的位置有这样的记载，中书省在左掖门之东，是宋代三省中较有实权的机构，处理政务的地方在都堂。门下省最初在严祗门外的学士院北方，在仁宗明道元年（1032年）被改成谏院的所在，把门下省迁到右掖门西方。尚书省在神宗元丰六年（1083年）移到大内的西方，靠近西角楼，这是所谓的"新省"，到徽宗崇宁年间又移往西南，该地就称为"旧省"了。

关于尚书省修建迁移的事情，那时似乎较受人注意。初在五代时，尚书都省在兴国坊，就是梁太祖以前居住的地方，到宋太宗太平兴国中期（980年前后）时，迁移到利仁坊，这是五代时后蜀国主孟昶在京城的住宅，相当壮丽。都堂、左右司、左右丞、郎中、员外郎等的办公厅建在中间，东西两廊分别为各部尚书、侍郎的两间办公厅，以及郎中、员外的六间办公厅，这些部即六曹，指吏、户、礼、兵、刑、工六单位。这样看来，中间的是所谓都省，东、西两旁分别为后省的各单位。直到北宋中期神宗改革时，应该都是如此。

神宗建新省，先拆除了2460间旧屋，这些是属于殿前三班等卫侍单位的，重新兴建的工程由皇城使宋用臣来负责，他还担着庆州团练使的头衔。新省共造了3100多间房子，它们的分配是这样的：都省仍然在前，总共有542间；中间是令厅，给最高首长尚书令用的，有159间；东边是左仆射厅的96间，其次为左丞厅55间，其次为左司郎中厅20间，其次为员外郎厅20间；西边是右仆射、右丞、右司郎中、右司员外郎等的办公室，恰与东边对等，房间也相同。

在后面的分别为六部（六曹），每部有房420间，作为办公之用。在东南的为吏部尚书厅，有居中的64间，其次为侍郎厅40间，向东的为郎中厅49间，其次为员外郎厅34间，在后面的是掌管勋赏的司勋郎中厅34间，其次为员外郎（司勋）厅34间。向西的为掌管封爵的司封郎中厅49间，其次为员外郎（司封）厅34间，再后面的是掌管考课的考功郎中厅34间，其次为员外郎（考功）厅34间。

以吏部为例，其余五部的房舍分配也大都相仿，户部在吏部的北边，再往北是礼部，西南为兵部，兵部之北为刑部，再往北为

第三章　皇城与政府

工部。这些是尚书省的六部。

神宗所建的新省，规模相当雄丽，是宋朝建国以来各官府最壮观的。房舍造好后，神宗还亲自驾临，命令文官才华出众者，写文章、题联词、作画等以为庆贺。另外还增修改易一些门墙、窗壁等，连续修建了两年时间，可见是相当讲究的。如照壁、屏下等地方，完全不像以往用纸糊，而采用幕帘，不能不说是华丽。

为什么神宗的尚书省如此讲究呢？因为这是因应当时的宰相机构设置。原来宋初沿用唐、五代的旧制，以"同中书门下平章事"为正宰相，又设"参知政事"为副宰相，以政事堂为办公室，这就是指中书省，而与枢密院并称"二府"，分掌文、武大权。换言之，唐代时的三省，到宋代时真正只有一省了。神宗时实行新官制，用意在恢复唐代的三省，于是设三省的首长，尚书令、中书令、门下侍中等头衔都有了。但是有官而不委人出任，而是沿用了唐代的办法，以尚书令之下的左、右仆射来代行尚书省首长之职，再以尚书左仆射，来兼门下侍郎而行使侍中之职，就是以尚书省的第二首长来行使第一首长的职权，但还兼任了门下省第二首长，同时兼着行使门下省第一首长的职权。同样地，以尚书省另一位第二首长，尚书右仆射，来兼中书侍郎而行使中书令之职，也是代行尚书令之职权，而又兼任中书省第二首长，并兼着行使中书省第一首长的职权。如此三省有名无实，仍然是一省，只不过以往的一省是中书省，现在改成尚书省了，于是"尚书左仆射兼门下侍郎"，与"尚书右仆射兼中书侍郎"成为新官制中的真宰相了。

《梦华录》提到大内的单位与建筑还有几个地方要稍做说明。修国史院，在宋代制度中有"监修国史"一人，以宰相来兼任，这说明了中国历代朝廷对修史的重视。另外还有些修撰、直馆、检讨等官员，但名额不定，大体上修撰是以朝官出任，直馆与检讨以京官以上出任，他们掌管修写日历（皇帝日记）以及图书等。凡是属于国史部分的资料，另外设有"编修院"来收藏，位置在宣徽北院的东方，这个编修院就是一般俗称为"史院"的。在仁宗天圣年间（1023—1031年）修前一代皇帝真宗的历史时，为了加重这个职责，命令宰相来"提举"，就是总负责人之意，而以参知政事与枢密副使为"修史"。另有"同修史"头衔，是以各殿阁学士（翰林学士之类）以上的人来出任。编修官都是三馆、秘阁等单位的校理官以上，以及京官来出任，这些官衔到修写完毕时就停止，并不是始终不变的。

神宗元丰年改官制，把日历归于国史院。由于每次修前一朝的国史、实录时，都另设有国史、实录院等单位，编制大都同上面所述，工作都是在修写前朝历史，不过在隶属上有时是属门下省，有时设的国史院，以实际工作的编修官或修撰官等来负责，而隶属于秘书省。秘书省就是掌管国家的经籍、图书、天文、历法等资料的地方，办公室多在各馆、阁等文艺单位的建筑中，例如神宗时就把秘书省放在崇文院中。

东、西上合门，号称为"横行班"，后改为左、右武大夫，属于武官的官阶身份。主要任务是宣布皇帝的书令，还有掌管朝廷宴会，安排皇帝接见臣下以及外国使者，负责朝会的部分礼仪等，并且要纠弹失礼的情形。

御厨、御药等是管理皇室的食物、医药等单位。

亲从官是指"皇城亲从官"，属于皇城司，而皇城司掌管宫城出入、门禁、宿卫等职责，也连带有洒扫、巡察等职责。人数上，初期是2270人，分成几个"指挥"为编制单位，在北宋末期，为700人。

泛索，是属于"东门取索司"的人员。东门取索司在真宗景德三年（1006年）二月改名为"内东门司"，职责是负责把进贡的物品收到皇帝的仓库中，以及赏赐物品的索取，另外修造工程、宴会等所需要的物品也都归它管理。

由于孟元老的记载是条例项目式的，也就是分作许多专题记载，内容相当繁杂，名词都是当时所称用的，有的地方会做些解说，或者注上数语的要点，有的就只写下名称，在秩序上也时会有重复提到之处，每一项目之下，记录的繁简也不一致，在归类上大体还算整齐，但记载得并不完全，而且与其他数据中所见，时或有些出入。像《梦华录》的第一卷，原书中分成东都外城、旧京城、河道、大内、内诸司、外诸司六项，分别叙述都城建筑与各中央的机构，我们在原则上也尽量照原书的意思，分成两篇来说明。孟元老记的后面三项，就是皇城与政府的中央机构，所列的名词不详尽，解说也少，但我们也照他所列出的稍加补充说明，而不再将所有的机构完全介绍，以免变成作者个人全面的研究报告了。

二、内、外诸司各机构

在内诸司方面，孟元老列出了许多机构名称，这些机构都在"禁中"，也就是仍属于大内。有学士院，皇城司，四方馆，客省，东、西上合门，通进司，内弓剑枪甲军器等库，又称茶酒局的翰林司，内侍省，入内内侍省，内藏库，奉宸库，景福殿库，延福宫，殿中省，六尚局，就是尚药、尚食、尚辇、尚酝、尚舍、尚衣六个单位，诸合分、内香药库,后苑作,翰林书艺局,医官司,天章等阁,明堂颁朔布政府等。

《梦华录》中所记的内诸司也没有完全叙述,现在一方面做个别的说明外,一方面也略加补充。

学士院位置在枢密院与宣徽院北,这个位置正表示它的深严紧密,故而又称为"北扉",又它的位置却在浴堂之南,可以方便受皇帝的诏旨。在学士院的第三厅,阁楼前有一棵大槐树,故而该厅号称"槐厅",以前传说住在此地的学士,都能居官为宰相,所以学士们都争着要住进去,甚至把别人的行李移走以便自行住入,这种抢占槐厅的行为,似乎只是一种迷信而已。在学士院的"玉堂",还流传着一个故事:有一天,宋太宗夜半驾临,在玉堂东承旨合子住的是学士苏易简,当入报皇帝到达时,他已就寝,匆忙起身迎驾,但没有烛火照明以穿戴整齐,宫女就从窗格外点烛照入室内,结果在窗格上留下些燃烛的痕迹,一时传为佳话,这个痕迹也正因此而被保留下来。

皇城司在前面已略为提到,它旧名为武德司,到太宗时才改名,主要负责宫城门户的有关职责。

四方馆,掌管大臣们所上的表、章等,凡文武官员的朝见,辞谢国忌日所赐。属于主持部分朝廷的礼节的单位。

客省,指客省引进司,也叫内客省,负责各国使者的接见及礼仪,还有文武部分官员的入京觐见等礼节。

通进司,掌受特定官署奏牍,摘录要点进呈,得批示后颁布于外。

内弓剑枪甲军器等库,是几个单位的合称,包括内弓箭库、南外库、军器衣甲库、军器弓枪库、军器弩剑箭库等,都可见名思

第三章 皇城与政府

义,是负责兵器方面的物品,属于卫尉寺之下。

内侍省与入内内侍省,都是属于宦官机构。在宋初有所谓内班院,到太宗淳化五年(994年)八月,改为黄门,九月又改为内侍省。入内省也是由最初的内中高品班院改名而来,先改为入内内侍班院,再改为入内内侍省,可简称为入内省。看名字是"入内"的,又是由"高品"改来的,可知是较内侍省的地位略高。内侍省只负责宫廷的杂役,如洒扫等事务,号称为"南班",入内省就较为亲近,负责宫廷内部的门户,以及最接近皇室的各种服役等,号称为"北司"。

内藏库,就是掌管宫廷的财物,以备皇室所需。

奉宸库,与前者相似,不过负责掌管较贵重的如金玉、珠宝等。也与前者一样属于太府寺之下。

景福殿、延福宫、殿中省等,职责相同,掌朝廷的大典礼,多与皇帝主持的有关,如郊祀、元日、冬至等,以及后庙、太庙等,这些典礼在后面我们还要在典礼一项中再做说明。

六尚局的六个单位,属于殿中省,见名字可知是照顾皇室的日常生活所需的。如尚药局,是负责药剂与诊病,尚食管食物,尚辇管车马、轿舆等交通事物,尚酝管饮料,尚舍管房舍与帐帘等布置之物,尚衣管衣帽等。因为这些单位的主要任务是专门侍候皇帝及其家属,所以有"尚"字的称呼。

诸合分、内香药库、后苑作等,都是宫廷机构。诸合分是指各个供使唤、传达、门户出入、安排晋见等的单位;内香药库掌管外国进贡的物品,以及海关进贡的香料、宝石等舶来品;后苑作是负责宫廷花园、池塘、亭台以及各种园艺装饰等,以供给皇室游乐。

翰林书艺局、医官局是属于宦官所掌的文艺单位,由翰林勾当官来负责，由高级宦官来出任，下面有天文、书艺、图画、医官等四局，包括了文艺、科技等方面，是皇室专用的。

天章阁等，这是指龙图、天章、宝文等阁，这几阁中藏有历代帝王所拥有的文章、图籍、符瑞、宝玩以及帝王们的画像等，共有四个入内省的宦官来出任勾当官，管理这些物品。

明堂颁朔布政府，这是指由宦官管理的"明堂"单位。《礼记·明堂位》说，周公治理天下的时候，各诸侯到明堂来朝见，周公在这里制礼作乐，颁布天下法度划一的标准，使天下诸侯大服。"明堂"似乎可以看作帝王统治天下权威的象征，用来安排天下秩序的规则。也可以成为祭祀天地、祖先的地方。

关于外诸司，孟元老记述的机构相当多，现在也根据他列出的原文，做一些说明。

左右金吾街杖司，就是指左、右金吾街司，左、右金吾杖司，六军仪杖司等单位。这是警卫又是仪队性质的军队，负责清道、巡逻、排列仪队等工作，而且要平日保养各种仪队用的器物。它属于卫尉寺。

法酒库，负责祭祀专用的"法酒"之酿造单位。据记载，五代时的周太祖，于战争中俘虏了酒匠王思，他会造法酒的酒曲，因此特别设立了法酒库。

内酒坊，也是专造酒的单位，不过造的是米酒之类，以及普通的三等酒，是帝王平常赏赐臣下用的。

牛羊司，负责祭祀用的牛、羊等牺牲。

奶酪院，专门负责皇室食用的乳饼、酥酪等。它与前面三单位都属于光禄寺。

仪鸾司，也就是帐设局，专门负责幔帘、帐幕等的搭设工程。

第三章 皇城与政府

在宋人的笔记中记载有这么一件事：徽宗时的一天夜里，宫廷内潜入了小偷，跑遍了内宫而走，如飞贼一般。直到天亮时才发现被盗走不少金银，却不知何方大盗有如此神通。当时宰相认为是善于搭架工程的技术人员所为，就询察仪鸾司中有否逃亡者，结果察出有个名叫单和的人在当晚失踪了，于是便全力追捕单和。三天后终于抓住了这名"特技人员"，果然是他偷去不少金器，原来他正是善造飞梯之人，也就是仪鸾司中的第一高手，平常都出入宫廷，故而路径熟悉，他所造的飞梯就是软梯，用绳索系上软木而成。

车辂院，掌管皇帝出驾及祭祀用的车马等法物，并安排有关的秩序等，属于太仆寺之下。

供奉库、杂物库、杂卖务，这些单位以前叫作市买司，在太宗时改名，分别成立这些单位，负责宫廷所需，以及宫内官方物品，如总务采买。

东西作坊、万全，负责制造兵器、旗帜、营帐等。万全这个单位在正史里没有记载，《梦华录》中补上了这个缺漏，与东、西两个作坊都同属营造工厂、兵器厂等性质。属于军器监之下。

修内司，负责宫城内太庙的维护修建等工程，属于将作监之下。

文思院，专门给皇室及祭祀时制造手工艺品，分为上、下两界，上界造金、银、珠、玉、犀等对象，下界制作铜、铁、竹、木等杂项。它与下面两项都属于少府监。

绫锦院，负责锦绣等华贵布料的纺制，供给皇室车、马，以及服装等用。这是宋初平定四川时，俘获当地的工匠而成立的机构，"蜀锦"一向是中国有名的手工织艺品，所以当地的工匠都有传统的技艺。

文绣院，负责编绣，用于车马、服装、祭祀时。

绫锦院负责织布，文绣院负责刺绣。

军器所，原来有军器监负责兵器、旗帐等军用器物的制造。前面所说的东、西作坊，万全等，就是属于军器监之下的单位，到北宋亡后，南宋高宗建炎三年（1129年）把军器监并在工部之中。北宋时，东、西作坊与其他分设的都作院合并成立为军器所，由宦官负责。换言之，军器所是专门总管军器制造工厂的单位，有点像宫廷的兵工署这类单位，后来属于工部之下。

上下竹木务，有时只称竹木务，负责管理各地水运来的竹、木等，以及核抽木竹商人的营业税，不过是以木竹等实物来核算抽取，这些竹木是供营建工程所需。大概是有两种职责的关系，所以又分为上、下两单位。

箔场，与前项有关，负责抽算竹、木、蒲、苇等，用来作较细的物品，如竹帘、箔等之用。它与竹木务都属于将作监之下。

车营、致远务，负责饲养驴、牛等，用来驾车负载之用。

骡务、驼坊，就是牧养骡子、骆驼等单位。

象院，也叫作养象所，跟前面一样，就是专门牧养象的单位。它与前二项所说的四单位都属于太仆寺之下。

作坊物料库，负责收藏铁、锡、羽、箭、油、漆等材料之处，供给东、西作坊制造之用，是仓库性质的单位，属于军器监之下。

东西窑务，管理陶土并制造砖瓦，给营建工程及制瓶罐等用。

内外物库，也称外物料库，掌管朝廷膳食所需物品，如油、盐、米、面之类，它也与皇帝有关，故而可以加上"内"字，颁赐臣下的食物也在这里。属于光禄寺。

油醋库，制造油醋等，供国家内、外使用，属光禄寺。

京城守具所，就是在前篇中所提到的修治所。

第三章 皇城与政府

鞍辔库，掌管皇室用马，以及其他配备等，给赐臣下的马匹也在这个机构之中，属于太仆寺。

左右骐骥院、天驷十监，都是专门养马机构，供于皇室骑用之外，也用于颁赐公卿大臣、外国等，并提供外国使者骑用。天驷十监就是左、右天驷监，共有十个单位。属于太仆寺。

河南北十炭场，十炭场在正史里的记载是石炭场，掌管石炭的出纳。

四熟药局，就是指和剂局、惠民局等药局，主要是平价供应百姓，以救济受病患的人。它与炭场都属于太府寺。

内外柴炭库，这是给宫城及宿卫、值班军士们所用的薪炭，属于司农寺。

军头引见司，负责禁卫各军的引见、秩序安排等。属于内侍省主管。

架子营、楼店务、店宅务，前面两个单位是掌管州、县的房廊课利，店宅务是管理官舍、邸店的修护，以及计价出售等事项，都是属于太府寺之下。下面的库、务、场等几个单位也属太府寺。

榷货务，掌管金银、布帛等的折价。

都茶场，掌管卖茶引之事。宋代的茶是公卖，商人要买卖茶，需先到京都来买一种"茶引"，也就是凭证、茶券之类，然后拿这"茶引"，再到出产茶叶的茶场去领，再转卖营利。

左藏、大观、元丰、宣和等库。左藏库是掌管全国各地进货的财物，是个储财非常丰富的地方，以前分为南、北两库，到徽宗时又修建新库，取名东、西库。大观、宣和等也是徽宗的年号，所设的仓库性质相同。元丰是神宗的年号，设的仓库也是储藏财物之用。原来宋太祖有志恢复五代时石敬瑭所割让给契丹的燕云十六州，于是节俭储蓄，将财物封存在仓库中，称为"封桩库"。到神宗时仍有大志，更积极储财，以准备恢复失土之用，还写了一首四言诗："五季失国，猃狁孔炽，艺祖造邦，思有惩艾，爰设内府，基以募士，曾孙保之，敢忘厥志。"意思是说：五代时沦陷了国土，北方蛮夷的气焰嚣张，我太祖创建了宋朝，有意要惩罚这个蛮夷之国，于是设立了内府仓库，以便用来招募勇士们，完成收复失土的大业，后世的子孙们要保守住这些财物，不要忘记了这个神圣的使命。神宗又分别以诗的每一个字，作为仓库的名字，等到这些仓库全部存满后，又作诗一首，共有二十字，也同样地各以一字设仓库一间。诗为："每虔夕惕心，妄意遵遗业，顾予不武姿，何日成戎捷。"意思是说：每天都谨怀惕厉之心，有意遵奉祖先们遗留的大业，但似乎我没有雄才大略，不知哪天才能胜利成功！后来的徽宗，又以他的年号来设了仓库，意思也是一样的，打算储存财物，以备不时之需。

编估局、打套所，也是属太府寺下的单位，负责拣选由海外贸易而进口的香药、杂物等，准备转卖营利。

大宗正司，是掌管敦睦皇族，教育皇族子孙，接受陈请、诉讼等事项，还要负责纠正他们的过失，并且报告朝廷。

其余记载了许多米粮仓库，在虹桥一带有元丰仓、顺成仓，在东水门有广济、里河折中、外河折中、富国、广盈、万盈、永丰、济远等仓，陈州门里有麦仓，在城北的夷门山、五丈河一带的仓库，有五十余所，数目相当庞大，储存自是丰富。

每天这些仓库都有出进支纳，货物上下搬运有负责的兵士。而在发放支遣时，就有所谓"袋家"，每人扛着两石的布袋，一逢到有支遣时，就在仓库前形成了临时的市场，展开买卖交易。像这种临时市场，称为"草市"，在靠近新城附近，大概有二十多处。

第三章 皇城与政府

每到冬天，各地进来的粮米等非常多，载运的牛车都塞满了街道，车首尾相接，络绎不绝，总有几千、几万辆之多，在货物场内，更是堆积如山，盛况空前。至于军营驻扎在城北，士兵们要到城南的仓库搬取粮米，规定要士兵亲自来扛运，不准雇人代扛，这也是宋初所定的祖宗之法。

《梦华录》中所记载的宫城大要，以及其中的政府机构已如上述。从整体上看，内容是相当正确的，虽然没有把所有的宫廷都做细部描写，也没有把宫廷与政府的所有机构都做介绍，仅就前面所说到的，已足够我们去了解当时京都宫城的配置与各种建筑和机构了。而且，《梦华录》所写与正史所记都能逐一核对，相当生动，有的地方还能补充史书的不足，并能勾绘出当时一些活生生的景象来。

另外有位笔名百岁寓翁的作者，大概是北宋晚期人，应与孟元老属同一时的人，他写了《枫窗小牍》一书，其中也有专门记载汴京的文章，也是属于回忆录性质的。他写的特点是宫殿记述非常详细，只说出配备位置与名称，也不做解说，所以可看到很多亭殿宫楼的名称。现在也把它介绍在这里，以供读者参考：

宫城本是五代时后周的旧都城，宋朝时也建为都城，在建隆三年（962年）扩建了皇城的东北角，以洛阳宫殿为蓝图，周围共有五里，南面有三个门，中间为乾元门，东为左掖门，西为右掖门。东面为东华门，西面为西华门，北面为拱辰门。

在乾元门内的正南门又有大庆门，东西两侧的横门为左、右升龙门。左、右北门内各有一门，即左、右银台门。东华门内有一门，为左承天门。西华门内有一门，为右承天门。在左承天门往里走，又有一内道北门，为宣佑门。

正南门内的正殿为大庆殿，东、西两个门户，称为左、右太和门。

朝廷正衙为文德殿，有两个掖门，称为东、西上合门。东、西两面则为左、右嘉福门。在大庆殿北方有紫宸殿，就是皇帝视朝的前殿，西边有垂拱殿，通常在此地视朝。其次往西有皇仪殿。再往西有集英殿，这是举行宴会的地方。在殿（紫宸殿）后有需云殿，东方有升平楼，是宫中开宴会的地方。

在宫廷后面有崇政殿，是帝王办公的地方。殿后有景福殿，殿西侧有偏北的延和殿，是便坐的地方。凡是殿有名字的，则殿的门也就随着取名。

在宫中还有许多小的殿，它们是延庆殿、安福殿、观文殿、清景殿、庆云殿、王京殿等，另有寿宁堂、延春阁。

在福宁殿的东、西两门叫左、右昭庆门。观文殿的西门为延真门，东方为真君殿。在积庆殿前有感真阁，又有龙图阁，下面有资政、崇和、宜德、述古四殿。在天章阁下有群玉、蕊珠二殿。宝文阁的东、西有嘉德、延康二殿，前面有景辉门。

在后苑的东门为宁阳门，苑内有崇圣殿、太清楼，西方又有宣圣、化成、金华、西凉、清心等殿，以及翔鸾、仪凤二阁，华景、翠芳、瑶津三亭。

延福宫内有穆清殿、延庆殿，北有柔仪、崇徽殿，往北又有钦明殿。在延福宫北方，有广圣宫，内有太清、玉清、冲和、集福、会祥五殿。

后苑除有流杯殿之外，又有慈德殿、观稼殿、延曦殿、迩英殿、隆儒阁、慈寿殿、庆寿宫、保慈宫、玉华殿、基春殿、睿思殿、承极殿、崇庆宫、隆佑宫、睿成宫、宣和殿、圣瑞宫、显谟阁、玉虚殿、玉华阁、亲蚕宫、燕宁殿等。

延福宫在徽宗政和三年（1113年）春天为新宫，于是改成向南，

第三章 皇城与政府

殿名也叫延福,其次有蕊珠殿,碧琅玕亭,东门为晨晖门,西门为丽泽门。在宫的左方有穆清、成平、会宁、睿谟、凝和、昆玉、群玉等殿。又有东、西两阁;东阁的殿有蕙馥、报琼、蟠桃、春锦、迭琼、芬芳、丽玉、寒香、拂云、偃盖、翠葆、铅英、云锦、兰熏、摘金等殿。西阁有繁英、雪香、披芳、铅华、琼华、文绮、绛萼、秋华、绿绮、瑶碧、清阴、秋香、丛玉、抉玉、绛云等殿。

在会宁殿北方有座假山,全是用石块垒成。山上有翠微殿,旁边有二亭,名为云岿、层巘。在凝和殿之后有明春阁,高度有一百一十尺,阁的两旁又有玉英殿、玉润殿。另有堆土成小山丘,上面种满了杏花,称为杏冈,同时盖了个茅草亭,旁有一片竹林,并且引条小溪绕经下方,很有幽静的雅致。

在延福宫的右方,有阁为晏春,宽达十二丈,四周都有舞台,三面有小山坡,坡上也有亭子,并且开凿一个圆池塘,上面有跨越而筑的亭子。山是以石材堆成,亭子名为飞华;池的面积,横宽四百尺,纵长二百六十七尺。另外引流泉成湖,湖中筑堤盖亭,堤有桥梁为通道,同时梁上也建亭子,那一带养了不少鹤、鹿等动物,栽种了许多奇花异草,形成一个类似天然的景观,犹如仙境一般,直到宫西的丽泽门。往东方可以达到内城的景龙门,往西方可以到天波门。

延福宫的东、西二横门,即晨晖、丽泽,这都是禁门,其中以晨晖门出入最多。跨内城之外有濠沟,水深三尺。偏东为景龙门桥,偏西为天波门桥,在二桥之下垒积石块,以求巩固,还有小舟可以通过,桥上可供人行。这个水沟称为景龙江,到后来又开辟延长,可以直通到外城的封丘门。

从上面的记载中,看到不胜其烦的宫殿名称,方位有时又不很明确,但既是与《梦华录》属同一性质的资料,也应可以提供参考。

三、军队的概说

孟元老在书中的第四卷部分,有一篇《军头司》,大部分是说明北宋军队的编制番号,以及其他单位的主管名称。他的目的是说这么多编制的军队,还有一些机构,都有指挥官来指挥,显示出军方将领数目是相当大的。

"军头司"本是负责引见禁卫各军军官的入见之事,要造名册,安排入见的时间、地点,以及因官位而定的秩序、礼仪等。另外还掌管马车、步军的名籍。照孟元老的说法,在每十天的休假日时,要查核在军籍的名额,并且要以武艺、技击来考核,似乎是考察能否合格,以备编排在军籍簿上。

考核最基本的人员叫作"等子",他们原是各地挑选的强勇平民,由驿站送到京都来,再经过查核后编入禁军之中。宋代的军队是以禁军为主,其他的有厢兵、乡兵、藩兵等;但禁军才是作战的主力部队,才可以算是正规的军队,所以禁军需要挑选。

后来这些"等子"并不都能补上所需要的单位,有的就遣散到地方去担任其他的职务,所以"军头司"的查核,大概就与此有关。

我们先来看看孟元老所记载的禁军。他列出了不少番号,不过有些地方和正史的记载稍有出入。他说各军营包括殿前指挥使直,这个单位辖下在宫廷中的卫队,有内殿值左、右班,散员、散都头、散直、散指挥等。另外有御龙左、右直,专门负责打造随从皇帝所需的对象,另外还有许多单位,它们是御龙骨朵子直、弓箭直、弩直、习驭直、骑御马、钧容直、招箭班、金枪班、银枪班等。

不论是殿前军或侍卫亲军,每日有东、西各五班来执勤,也

第三章 皇城与政府

就是当天的宫廷警卫与其他勤务。其余的也是天天要操练、演习等。至于各地方选送来的壮丁，就要对打竞赛，以准备选进禁军之中。

所谓"上四军"，是指天武、捧日、龙卫、神卫四军，各军都有二十个指挥单位，它们是不参加卫戍的。至于骁骑、云骑、拱圣、龙猛、龙骑等军，都各有十个指挥单位。

殿前司与步军司各有虎翼军等二十个指挥单位，又有虎翼水军、宣武军等各十五个指挥单位，神勇、广勇二军，各有十个指挥单位，其余还有飞山、床子弩、雄武、广固等军的指挥单位。

除去禁军各司的军队外，另有宣劲六军、武肃军、武和军、街道司和各司军队等，都设有指挥，故而是数目相当庞大，动辄以百计之。在京都的各宫观、宅院等，又有清卫厢军、禁军的剩员等编成的十个指挥。

其余的指挥单位还有许多，它们是工匠、修内司、八作司、广固作坊、后苑作坊、书艺局、绫锦院、文绣院、内酒坊、法酒库、牛羊司、油醋库、仪鸾司、翰林司、喝探、武严、辇官、车子院、皇城官、亲从官、亲事官、上下宫、皇城、黄皂院子、涤除等机构或单位，实在多得也无法一一记述了。

现在我们不妨把孟元老所说的情形稍微整理一下，再根据正史上的记载做简单的叙述，然后可以比较其间的差异何在。

孟元老所说宋代军队的番号与单位，大体上都不错。北宋中期前后的军制稍有不同，在神宗皇帝以后的定制，才是孟元老所说的编制，包括了禁军、厢军两类，他在书中没有分别列开，容易使人误会。

禁军是皇帝的卫兵，防守京都之外，就是出征作战的主要军队。厢兵是地方上的镇守兵，同时要负担一些勤务、劳役。还有两种地方性的部队，一是乡兵，在地方上选拔或者招募而来，有点像民团或民兵性质；一是藩兵，是由在边境地区民众组织而成，而作藩篱的意思。

禁军有两大系统，一是殿前司的殿前军，一是侍卫司的侍卫亲军。通常是以最精锐的编到殿前军，其次才编到侍卫亲军，再来就得编到厢兵中去了。

殿前军分成骑军与步军两兵种。北宋时两兵种的各单位如下：

骑军：殿前指挥使、内殿直、散员、散指挥、散都头、散祗候、金枪班、东西班、拓箭班、散直、钧容直等各班直。《梦华录》中所列的没有这么多，但又多出一个银枪班来，这银枪班是南宋初年所设的，不知是否与其他各单位一样，常有整编，而在孟元老时就是《梦华录》中所记的那些，或者其中有缺误？在后面所要提到的情形也是一样，我们只列出各单位名称或番号，能确知的作一说明外，其余的就只有比较参考来看了。

步军：诸直御龙、御龙骨朵子直、御龙弓箭直、御龙弩直等，这是四个班直，没有习驭直，而御龙左、右直就是诸直御龙（后改名为御龙直）分为左、右两个班。

殿前军除去上述的各班直的单位外，其余就是所统领的各军，而侍卫亲军中没有班直之类的单位，全部是统领军队。《梦华录》中所列的各军番号、指挥等，就是禁军中的军队名称，但是与实际的数目相差很多，可能只是举些例子来做介绍。

孟元老说的上四军，很少人注意到，在正史中倒是有记载。捧日、天武是属殿前军，龙卫属侍卫马军，神卫属侍卫步军。这四军训练最为精锐，装备最好，待遇也是最好的，它们都是全天候戒备，随时待命出发的部队，大概类似现代的"快速打击部队"吧！

至于各部队的番号，孟元老没有做统一的分配，所说的各指挥单位，数目也与正史不尽相同，现在综合起来做一整理：

第三章 皇城与政府

殿前军：拱圣、骁骑、龙猛、龙骑等，所设的指挥单位，能知道的是在神宗皇帝时期的数目，分别为十六、十四、六、十三等，其中龙骑是属于步军，其余三个属骑军。另外属步军的还有神勇、广勇，孟元老说各有十个指挥，史书上说在神宗时它们分别是十四、四十三。

另外有虎翼军、虎翼水军、宣武军等，但资料不详。若照正史上记载所有的有番号军队，殿前军至少有三十八个之多。

侍卫马军：孟元老说的云骑十指挥，宋史上说神宗时有十三指挥；全部有番号的军队，共有三十一个。

侍卫步军：飞山雄武、床子弩雄武，都是属于雄武军中的番号，雄武军总共有三十四个指挥单位，飞山、床子弩各有五个指挥，但曾一度并为两个。广固是属于工兵类，原来只有一个指挥，在徽宗皇帝时又增加成为四个指挥。

虎翼军有六十六个指挥，水军似乎只有一个。

全部有番号的军队，约有五十五个之多。

厢兵：原是派在地方的驻军，但京都开封府也有厢兵，性质较特别，故而直属于侍卫步军司来管辖，孟元老所说的有宣劝六军、武肃、武和等军。

至于孟元老所说没有指挥的其他二十余单位，本来在其中多是军职人员，属于厢兵系统，但在管辖上却属于各寺、监，前面已有说明这些单位的性质与隶属，就不再多说了。

第四章

街景与市容

一、御街及宣德楼前的街道建筑

宣德楼既是大内皇城的正门,在这以外即是第二层的城市。从楼前一直往南,大约有二百步宽的街道,也就是通往皇城内外的道路,故而叫御街。在街两旁称为御廊,以前可允许百姓在那里买卖,到徽宗的政和年间(1111—1117年)就被禁止了,旁边都安放了黑漆色的挡路杈子,在路中间也放了朱红漆的杈子,禁止人们通行。中心的御道,根本不准人马往来,一般人们只能在廊下朱红杈子之外通行。在杈子内则有沟水两道,这是用砖石砌成的御沟水,在徽宗宣和年间(1119—1125年),特别加以美化,在沟水中植莲荷,而两岸栽满了桃、李、梨、杏等花树,又有经过园丁栽培的奇杂花木,在春夏之时,百花争艳,色彩缤纷,犹如锦绣图案一般,煞是绮丽动人。

奇杂花木是有专门"接花"的花匠来经营的,透过特殊的技术,以采用接枝法为主,光是芍药、牡丹等,就可开出变态百种的花色来。

在宣德楼前,左南廊对着左掖门,那里有明堂颁朔布政府、秘书省等机构,这都是内诸司的单位,秘书省就是称为"秘阁"的地方,在内诸司的各机构中,算是最为宏壮的。左南廊对着右掖门,靠近东面的是"两府八位",靠西的是尚书省。原来在京师的职事官,以前都还没有办公室,虽然是宰相执政等,也都在官舍内处政,每遇紧急事件,就要拿到居所去处理,这样不但缓慢,又不够谨密,大约到神宗时期，才增建了东、西府，就在右掖门之前，每府相对为四位，故而俗称为"两府八位"。

在御街大内前往南去，左面是景灵东宫，这景灵宫有两个，还有一个西宫就在右面，两宫建于真宗大中祥符五年（1012年）的十一月，模仿唐代太清宫的制度来建，到神宗元丰年间（1078-1085年），又加以扩建，在宫中安放的是各朝皇帝、皇后的图像。再靠南方为大晟府，这是掌国家音乐的地方。在宋初，礼与乐都属于奉常官来掌管，一直到徽宗时乐才分离出来，这大晟府的地位如同各个寺、监等单位，而隶属于礼部之下。

接着大晟府的是太常寺，这也是掌管礼乐、祭祀、陵墓等的单位。到州桥转弯的大街，面南的是左藏库，靠东的是郑太宰（郑居中）的官邸与青鱼市内行。在景灵东宫南门大街以东，南方是唐家银铺、温州漆器杂货铺、大相国寺等，一直到十三间楼与旧宋门。这十三间楼是五代时后周的人所建，那时因开放居民盖楼房，有位大将军叫周景威，领先在旧宋门内临着汴河盖楼，共盖了十三间楼房，这一直留到孟元老时还在，有一百多年了。

由大内西廊南去，经过景灵西宫，有报慈寺街，这街是因报慈寺而得名。再来是都进奏院，这是渊源于唐代而来，唐代时各地方藩镇在京城里都有官邸，称为上都留候院，后来改名为上都知进奏院，到五代时也沿用这形式，宋初所设仍然相同，可以用来联络地方官员与京都间的信息。接着都进奏院的有大片药铺，叫作百种药丸铺。

到浚仪桥大街，西宫廷的南方，都是御廊的阻路杈子，到州桥往西大街，是大批的水果行。在街北是都亭驿，为专供辽国使臣往来的驿站；对面是梁家珠子铺，大概是专卖珠宝的商店；还有一些卖纸画、文具等的店面,以及花果等商行。

在浚仪桥的西面,就是开封府的府治,犹如开封市政府一样。

从御街一直南去,经过州桥,两旁路边全是民间居处。在街的东边,是卖炭的车家店,以及卖酒的张家店,其次还有王楼商店,是包子专卖店,它似乎是种极有特色的包子,所以有个名堂叫"山洞梅花包子"。另外也有一家肉饼店,叫曹婆婆肉饼,还有店名为李四的,卖的是"分茶"(饮食之类),卖香纸店的叫李家香铺,这些都是以人名为店号,很有特色。

到朱雀门街西面,过桥就投向西大街,称为曲院街,街南方有"遇仙正店",这店前有楼,后有台;住在都城的人都称它为"台上",这家店是酒店中的高级店,卖的酒都相当贵,银瓶酒要七十二文一角,羊羔酒一角要八十一文。在街北有薛家分茶,以及卖羊饭、熟羊肉的各店铺。向西去的街道,京都里的人称为"院街",也就是风化区。

在御廊的西边,有鹿家包子,其余都是些羹店、分茶店、酒店、香药铺等,还有一般的居民住户。

二、朱雀门外街巷

朱雀门是皇城的正南门,出朱雀门的东面城壁都是居民住户。向东去的大街,除麦秸巷、状元楼之外,都是妓馆,一直到另一个皇城的南门保康门为止。御街东的朱雀门外,往西通到新门瓦子以南的杀猪巷,也是妓馆遍布的街巷。新门是皇城的另一个南门,"瓦子"是娱乐兼营商业的场所，以别于一般的市区，在后面还要特别来谈。在这以南是东、西两教坊。教坊就是宫廷的乐剧艺团单位，在宫廷宴会时提供表演，其组织相当庞大（参见附录二）。除外是居民，或者茶坊。在这些街中心的市区巷道，最热闹的尖锋时间是在夜晚，大概是娱乐区的关系之故。

过龙津桥南去，路心又设有朱红色的挡住权子，就像通往大内皇城前的路上一样。东面有刘廉访的官邸，就是姓刘的廉访使（官名）所住之处，以南有太学与国子监，这里已经在流入都城的蔡河的河湾边了。太学是中央所设全国最高学府，国子监是掌管中央各学校的政令、教育等机构，包括了太学、武学、律学、小学等。

过了太学有条横街，就是太学的南门。街南有熟药惠民南局，它是惠民局之一，这种药局共有五至七所。在这以南五里左右，全是居民住宅区。又往东去的横街，是五岳观的后门。走大街去约半里，有看街亭，这是皇帝出巡休息之处，登上亭子看看街景，车马就在亭下休息。再往东走，有贡院，就是参加科举考试生员的名籍及各种数据等的管理处，开封府的贡院与中央礼部的贡院都在这里。另外有什物库，专门储存各种杂物以供内外所需。负责陆上交通的车营务也在此地，还有属于司农寺下的草场，这是专门储存草料饲物之处。在街的南面就是葆真宫，一直通到蔡河上的云骑桥。

从御街到南熏门里，街西面的五岳观，最为雄壮。自西门东去（往陈州门），有观桥、宣泰桥，两旁柳树成荫，中间一条小径，异常幽雅，约五里长远，其内有中太一宫，这是神宗熙宁五年（1072年）所建。原来太一宫共有四个，太宗太平兴国（976—983年）时建东太一宫，地址在都城东南的苏村。仁宗天圣六年（1028年）建西太一宫，在城西南的八角镇。再就是这中太一宫，原是旧的五

第四章 街景与市容

岳观之地。另外在徽宗政和年间的北太一宫，是将龙德宫改建而成。太一宫所供奉的太一神共有十个，它们是太一、五福太一、天一太一、地一太一、君基太一、臣基太一、民基太一、大游太一、九气太一、十神太一。其中太一神为最尊贵，但因其他的太一神都还有名称，故而就相对于大游太一，取名为小游太一。不过有的记载是没有九气、十神两太一，而代替以四神、真符两太一，还有君基、臣基、民基等。因为避唐明帝的讳，把"基"字改为"綦"或"㯻"字。这些神位的考订、仪制等，都要由掌管天文、历法的司天监或太史局，以及礼院等来论定。除去中太一宫外，还有个佑神观，也有称为佑圣观的。佑圣观有两个，这是其中之一，已经靠近惠民河上的普济水门西北，另有一个在城内的西南角，靠近马军衙门（即马军司令部），这个佑圣观前面有潭积水，据说颇为灵验。

在街南有明丽殿、奉灵园、九成宫等，都靠近中太一宫与佑神观。九成宫相当著名，里面安放有九鼎，九鼎的铸造在宋代有些记载可以提出来参考：大约在徽宗崇宁元年（1102年），有个方术之士叫魏汉津（律），上书讨论铸造九鼎，经过四年后才造成，就特别建了九成宫来放置这些鼎。九成宫大概被分造成九个不同方位的房间，每个房间放一个鼎，表示镇服天下各个方位之意，是源于上古大禹铸九鼎分镇天下九州岛。同时每个房间所用的泥土，都因为不同的方位而有不同的颜色，外面围上垣墙，就是所谓九成宫了。鼎与房间的分配，以及仪制是这样的，在中央的是帝鼎，黄色，在土王之日祭祠，祭币也是黄色，祭乐用宫架，祭祀用大祠，这都象征帝王统治的权威。北方为宝鼎，白色，祭日在冬至，用皂币（黑色的祭币）。东方为牡鼎，白色，祭日在立春，也用皂币。东北为苍鼎，碧色，祭日在春分，用青币。东南为冈鼎，绿色，祭日在立夏，用绯币（红色的祭币）。南方为彤鼎，紫色，祭日在夏至，也用绯币。西南为阜鼎，黑色，祭日在立秋，用白币。西方为晶鼎，红色，祭日在秋分，也用白币。西北为魁鼎，白色，祭日在立冬，用皂币。在祭乐方面，八方的八鼎，都用登歌乐，祭典用中祠，祭礼用素食。

关于铸鼎所用的材料，据说参用了万年松化石、松石、龙牙石等。万年松化石早在仁宗时就准备好了，大概在那时就有铸鼎的意思，一直存放在玉仙观内，这是在城东南陈州门外七八里之地的道观，万年松化石是从四川西部地方发现而运来京城的，直到徽宗时才用来铸鼎。

在靠近九成宫的东方，又有迎祥池，也称为凝祥池，是个相当有名的游乐胜地。池岸垂杨，池中水旁有莲、荷（莲、荷应属同一种）、菰、蒲等，又有野鸭、雁等游弋其中，桥亭台榭相布于池园之中。每当清明节时，特别开放给民众，烧香游观一日，这个观就是指池旁的会灵观，也有称为凝祥宫的，池与观构成一整片的游园区。这凝祥池还有两个特色，一个是莲花为罕见的黄色，被当时人视为奇花之种，一个是池中所栽种的植物，可能还不止前面几种，因为有当时人曾记载说，在京城里芡实生产最多的就在这儿。芡实是种水生植物，叶子圆大而有刺，夏天时开紫色花，果实就叫芡实，样子像鸡头一样，果仁可以吃食，所以又叫"鸡头米"。用芡实磨制成粉，就是调食常用的芡粉，这里的芡实还是京都的名产呢！此外，像荷的莲子、莲藕可吃食，菰的新芽就是茭白笋，是很好的蔬食。菰叶可以喂饲牛马等，菰花在夏秋间开放，结的果实叫菰米，又叫"雕胡米"，也是好吃的米食。

龙津桥南方，西壁是邓枢密（邓洵武）的官邸，以南是武学巷，巷内有曲子张宅，以及武成王庙。再以南是卖油饼的张家，明节皇后的住宅。这明节皇后可能有错误，照《宋史》里后妃们的记载中，有明德皇后（太宗）、明肃皇后（真宗），但没有明节皇后。

往西去的大街叫大巷口，又往西是清风楼酒店，店名正如其地，城里的人在夏天都来这儿乘凉，大概这个位置特别凉快，夏天有清风徐徐吹来，在酒楼上小坐，甚为舒爽。西面有个老鸦巷口，是军器所的位置，直接接上第一座桥。

从大巷口南去，有延真观，是接待各地来的道教信徒的地方。以南往西去，有位于小巷口的三学院。再往西去，就到了宜男桥的小巷，由这儿南走，是正南的南熏门，通常人们出殡不能从南熏门经过，因为它正和大内皇城相对，故而犯忌讳。但民间要屠宰的猪，须从这儿进城。每天从早到晚，一群群的猪达数万头之多，而赶猪的不过是几十人。赶猪人很有技术，猪群没有横闯乱走的。

三、东角楼与潘楼东的街巷

宣德楼的东方角就是东角楼，也就是皇城的东南角。从这里的十字街南去，可到姜行，大概是卖姜的商行。从高头街北去有纱行，可以到东华门街，以及晨晖门，那里有著名的宝箓宫。因为宋徽宗极崇信道教，受道士林灵素的建议而修建宝箓宫，大致在政和六年（1116年）建成。第二年曾举行盛大的讲道会，徽宗与文武百官，以及都城民众都前往听讲，主讲道经的就是林灵素。从宝箓宫可以通到旧酸枣门，这一带是商店摊铺最热闹的地方。在宣和年间，即北宋亡国的前几年，曾经为街道拥挤而扩展了道路。

往东去是潘楼街，街南方有鹰店，许多买卖鹰、鹘的人们聚集在此，其余还有许多珍珠玩宝、布匹、香药铺等。南面通到一个叫"界身"的巷子，这里是金、银、彩、帛等贵重物品的交易所，屋宇都非常雄壮，门面广阔气派，看去就像富豪财主的高门大屋。在这里的生意，每笔交易动辄千万，好不惊人！

往东方的街道北端，是有名的潘楼酒店酒店下面是个市集摊贩，每天从五更开始，买卖衣物、书画、珍玩、犀玉等天亮之际，各色各样的吃食都出来了，有羊头、肚肺、赤白腰子、奶房、肚胘等，以及鹌、兔、鸠、鸽等野味，还有螃蟹、蛤蜊等海鲜，接着就有厨师之类的人，来买卖各种零碎的作料。早饭后，又有许多的零食点心等上市，如酥蜜食物、枣锢、香糖果子、豆沙团子、蜜煎雕花之类。到傍晚就摆出衣饰杂货，如头巾、冠帽、梳簪、领抹，以及珍玩、手工艺、玩具等。这些不只可看出小市集的热闹街景，也可以看出当时京都人的饮食、衣物等种类。后面还有更多的介绍，现在且把它当作街景来看看。

往东去为徐家瓠羹店，是一种饮食店。街南方有桑家瓦子，这是游乐区及风化区之类。近北的是中瓦，接着是里瓦，分成几部分。其中大小店面有五十多家，就是所谓"勾栏"院。其中最大的几家，在中瓦子的有莲花棚、牡丹棚；在里瓦子的有夜叉棚、象棚等，也最负盛名，可以容纳数千人之多。从稍早的名艺人丁先现、王团子、张七圣等，一直都有演艺人员在这些地方作场，也就是"作秀"。其中丁先现非常有名，其他一些记载都特别提到他，把他写成丁仙现或丁线见。他以懂音乐、捷才急智出名，善用各种讽刺、幽默、嘲讽的方法，来影射或表现一些人物、时政、事故，有时也

第四章 街景与市容

只为了博人一笑，但表现得相当有水平，是个难得的艺人。他本身在教坊里任职，可说是个官方的演艺人员，又曾经主持过教坊为教坊使，也就因之称他为丁大使。他的才华有时表现在例行的短剧演出中，有时是他生活中的一些趣事，下面就举两个例子来看，这些例子是《梦华录》中没有记载的：

在神宗熙宁九年（1076年），太皇生日那天，依例教坊要有表演，刚好兼管水利政务（判都水监）的侯叔献才死不久。丁仙现的短剧是，一个道士打坐出神，一个和尚也打坐出神，有人问道士出神看见了什么，道士说："我出神到大罗仙境，在玉皇大帝的殿上看见一人，身着金紫的官服，仔细一看，原来是我宋朝的名臣韩琦。他手中捧着一件东西，我暗地问旁边的人才知道，原来是要献上国家金枝玉叶、万世不绝的图。"

再问和尚的出神看到了些什么，和尚说：

"我去到了地狱，看到阎罗殿旁有一人，穿着绯鱼官服，仔细一看，原来正是判都水监的侯叔献。他手中也拿着一件东西，我打听之下才知道也是要献图，不过这是个因为水浅而开河道的图。"

丁仙现的短剧是讽刺侯叔献，主要因为他以大兴水利来邀功，百姓们受苦役很重，所以丁仙现就故意将之表演出来。

另一个故事是在哲宗绍圣初年（1094年）时修天津桥，由右司员外郎（官名）贾种民负责督工，他穿着官服坐在路旁，手拿着棒子来督工指挥，大家看着都觉得好笑。桥修好后，尚未开放通行，刚好丁仙现经过，贾种民不准他通行，说道："我修好的桥没人敢擅自通行，如果你能说句幽默的话，就让你第一个过桥。"

丁仙现答应后，就连说："好桥！好桥！"接着跨上马，跑过桥去。

贾种民听来觉得没意思，叫人去追，却已追之不及了。过后想想，才发现根本是在讽刺自己的话。手拿着棒子正是"好敲！好敲！"

关于这种演艺人才及种类等，在《梦华录》里有专门的记载，后面再一并介绍。

在瓦子的场中，还夹杂着许多卖药的、卖卦的、卖旧衣服的、饮食的。其中剪纸花样是一种专门技艺，剪什么花样都有，随到随剪，还有专门剪名家写的字，还有的更是技高超群，能在袖子中剪出字或者花朵之类，这种手艺到后来也都失传不见了。这里面真是热闹非凡，花样繁多。流连在瓦子中，不知天色已经向晚。

前面提到的潘楼酒店，楼下一带是个各色杂卖的市场，而潘楼以东也是街景繁华之地。往东去的十字街，称为"土市子"，又叫作"竹竿市"。又往东的另一个十字大街，叫作"从行裹角"。这里的茶坊很特别，是在快天亮前的夜里营业，大概给赶夜路早到的人作停留之处，或者早起人盘行的地方。每天五更时点灯开张，买卖衣物、图画、花环、领抹之类东西，但一到天亮就停业了，所以人称为"鬼市子"。

以东的街北方，有赵十万宅，街南有中山正店、东榆林巷、西榆林巷，北面是郑皇后宅。在东弯曲的，头向北墙边的是单将军庙，就是唐代初年王充手下的大将单雄信的墓地。上面有棵枣树，相传单雄信所用的武器是槊，这槊是用枣木制成，后来陪葬于此地，慢慢就发出芽来，以至于竟生长成树了，所以这儿的巷子就称为枣种子巷。

又往东走就到了旧曹门街，那儿有北山子茶坊，里面装修了仙洞、仙桥等，仕女们夜游、吃茶，常常到这儿来。附近还有两家

第四章　街景与市容

药铺子，一叫李生菜小儿药铺，一叫仇防御（防御是官名防御使）药铺。

出旧曹门是朱家桥瓦子。下桥后是南斜街、北斜街，其中有泰山庙，两街都有妓馆。在桥头一带的热闹街景，跟城南的情形差不多。东面有牛行街，那里有高门大屋的刘家药铺，号称"下马刘家"，意思大概是到这里需要下马进门。另外有着牛楼酒店，也有妓馆，一直到新城。

从土市子往南去，有铁屑楼酒店、皇建院街，再来是得胜桥郑家油饼店，这是家大店，油饼出炉，动辄二十多炉。从这里直往南走，可以到太庙街、高阳正店等地方，在这一带的夜市是非常繁华的。

从土市子往北去，就到了马行街，人烟热闹，这是夜市酒楼繁华之地。据说在都城里只有此地没有蚊虫骚扰，因为这里人潮拥挤，灯火照天，每天都闹到四更天才休息，而蚊虫最怕油烟，所以都给熏跑了。这里的热闹繁华还有个原因，就是附近几十里地的药店特多，而且有许多是名医国手之流，都是家财万贯的巨富，故而声色犬马，极其奢华之至，附近林立的，也无非是都市里的销金窝。在前面的有个十字街，称为"鹦儿市"，往东是东鸡儿巷，往西是西鸡儿巷，这可不是卖鸡、鸟的地方，而全部是妓馆风化区。

近北的街道叫杨楼街，东方有个庄楼，后来改名叫和乐楼，是个酒楼，楼下一带是卖马的市场。靠北方是任店，后来也改名叫欣乐楼，同样地为酒楼，对门是专卖粥羹的马铛家羹店。

四、右掖门外及州桥东面的街巷

在皇城西方的右掖门外，还有许多建筑与街巷。首先是祆庙，这是传自波斯的祆教庙宇，也就是拜火教。从其他数据中知道，祆教在开封祭拜的历史相当长久，至少在唐代就有了。在宋代时有一个负责庙宇的庙祝，名叫史世爽，他自称家世历代都是庙祝，好像是祖传的，而且还有政府发给的官方凭证。其中一个祖先叫史怀恩的凭证，是唐懿宗咸通三年（862年），由丞相、宣武节度使令狐绹所给的。另一个叫史温的凭证，是五代时周世宗显德三年（956年），由端明殿学士、权知开封府王朴所发给的。还有一个叫史贵的凭证，是显德五年由王朴所发，不过王朴已是枢密使、权知开封府的官位了。这样看来，这个从波斯外来的宗教，大概一直为中国政府所认可，而且发给凭证，同时庙宇的管理人员，他们都清楚自己的承传与祖先。就从唐懿宗开始到北宋晚年，也已经有两百多年的历史了。

由右掖门直往南走是浚仪桥街，街的西方是尚书省的东门，尚书省前的一条横街，南面是御史堂，西面是郊社。宋代的御史台根据《宋史》中的记载，以御史中丞为首长，而御史台的职掌是专门纠察百官，肃正纲纪，遇到重大的事，就在朝廷上辩论，小事情则实施弹劾权。在下面分成三个部分，一个叫台院，所谓侍御史的官就在这里；一个叫殿院，里面是殿中侍御史；一个叫察院，是监察御史办公之处。

第四章　街景与市容

尚书省的南门，正对着开封府的后墙，省的西门称为"西车子曲"，这里有史家瓠羹、万家馒头等商店，在京都是号称第一的。馒头似乎在宋代很受垂青。宋人曾经记载一个故事，说神宗皇帝很注重京城学生的生活。有一天去巡视学生用饭，那天刚好吃馒头，皇帝尝了以后说："用这个来养学生，可说是对得起他们了！"其实除了馒头外，还有包子也极受人欢迎。宋人还曾为馒头、包子等写诗作文，可知这是当时颇受重视的食物。

其次还有吴起庙，这庙到北宋亡后就毁了。由这里走出巷子就是皇城大内边的西角楼大街，往西去，是踊路街，往南，是太平兴国寺的后门。北面对着启圣院街。大街以西是殿前司，相对着的是清风楼、无比客店、张戴花洗面药店，以及国太丞、张老儿、金龟儿、丑婆婆等药铺，再来是唐家酒店，一直通到西方的梁门。

出了梁门，往西走，街北是建隆观。这个观最初的名字叫太清观，是周世宗所建造。宋太祖建国后的年号是"建隆"，所以就改成这名字，并且重新修建扩充，有一百四十九间房间，还把杭州的昊天上帝铜像取来安放。到真宗大中祥符元年（1008年），特别任命了一个道士来做住持，这道士是唐代名人贺知章的七代孙。不过金兵来时，这个道观也就毁于兵火之中了。在这建隆观内的东廊上，有道士专门卖疗牙齿的药，京城的人都来这里买，像是独门秘方似的。

街南是蔡太师的住宅，这蔡太师就是北宋末年有名的蔡京，所住的房子是皇帝赏赐。宋代帝王往往赐给大臣们房舍，不但常侵占了民间房舍，而且拆毁来建屋，花费也相当大。蔡京的住宅自然是宏伟广阔，有的记载说他的住宅中有"六鹤堂"，是个极高的楼房，高有四丈九尺，看着楼下的行人，渺小如蚁，这虽是夸张的话，但也表示楼房的高峻异常。再往西去，有州西瓦子，这个"州西"应该是指"汴州西方"，也就是汴京（开封）西方。南面可到汴河的河岸，往北直到梁门大街的亚其里瓦子，有一里多，过了街北就是旧宜城楼。

靠近西方可去到金梁桥街、西大街、荆筐儿药铺、枣王家金银铺。靠近北的巷口，有熟药惠民西局。往西到瓮市子，这里是开封府的刑场。再往西是名叫盖防御的药铺，以及大佛寺，还有都亭西驿，对着的是京城守具所。从瓮市子往北去的大街，有班楼酒店；再往北是大三桥子。到达白虎桥后，直行就是京都北门中的卫州（安肃）门了。

至于州桥的东面，也有不少街巷。州桥位在皇城之前，东面临着汴河大街的是有名的相国寺，也有个桥与皇城南门中的保康门相对，桥的造型平正，与州桥相似。桥西方有贾瓠羹、孙好手馒头两家饮食卖店，近南方，就是保康门的潘家黄耆圆，卖的就是吃的丸子。还有一个延宁宫，是属于女道士的道观，所以人们难得进去。

街西有保康门瓦子，往东沿着城走，都是客店旅社，从南方来的官员、商人、军人等，都住宿在这里。靠近东面是四圣观、袜袽巷等地方，再往东走就到了城角，这里已是蔡河东水门（普济门）的北方了。此地有个定力院，里面陈放有五代时梁高祖朱温（全忠）的图像，这图像据说是出自名家王霭的手笔，王霭在五代时是以人物画出名，在后晋时为契丹人所俘，宋太祖建国后才被放还，并且得到赏识而做了官。不过这定力院到后来元代末年时也毁于兵火之中。

出保康门外，有新建的三尸庙，祭的是三尸神。据道教的说法，认为人身中有所谓三尸神，常在庚申这天夜里，乘人睡觉之时，把这人的罪过等报告上帝，因之就会被减削阳寿。三尸神都有名字，上尸叫彭踞，中尸叫彭踬，下尸叫彭跷。有人说在庚申这天如果不睡觉，那么三尸神也就无法去报告上帝了。这个三尸庙后来又被废弃不祭，原因不详。

除去三尸庙外，还有德安公庙。往南到横街，从这里西去，可以通到御街，就是称为麦秸巷口的。以南是太学的东门，水柜街余家染店。以南的街道东面，有法云寺，又往西去，有横街，以及张驸马的住宅。法云寺的南方，就是佑神观了。

五、相国寺的内外

相国寺是京城最负盛名的寺庙，也是古迹，是战国时代魏国公子魏无忌的故居。南北朝时北齐辟为建国寺，后来荒废。到了唐代，曾为郑审的住宅。大约在睿宗皇帝时（710年），有一个游方和尚叫慧云，因为看到后园的池中，有梵宫的影子浮显，认为是神迹，于是就化缘而收买了这块地，建造成佛寺，又铸了高一丈八尺的弥勒佛像。睿宗赐给佛寺之名为相国寺，因为他在即位为皇帝前，曾受封为相王之故。相国寺由唐到宋都有增建，规模逐渐宏伟，宋太宗曾题了匾额为"大相国寺"。寺里的东塔叫普满，西塔叫广愿，后阁叫资圣。前门有三楼，又有旁边的长廊，寺内安置有五百尊铜制的罗汉像。院落共有八个，它们的名字是：东面的宝岩、宝梵、宝觉、惠林，西面的定慈、广慈、普慈、智海。本来全寺的院落有几十座，但每院的房舍数目不定，有的只有几间小屋，所有的屋舍相连，而且各自炊食，容易招致火灾，所以后来才整并成八个大院。

相国寺既有久远历史，屋宇宏伟，建筑与装修等自有可称道的地方，于是有所谓"十绝"的说法。一是大殿内的弥勒佛，光照天地；二是唐睿宗（或宋太宗）赐名所写的牌额；三是知名工匠装金粉肉色的佛像，以及三个大门下的一对善神；四是名画家吴道子所画的文殊菩萨像；五是刻佛殿障日九间；六是唐明皇修建的排云宝阁；七是名家所画护国除灾患变相；八是北方毗沙门的天王像；九是梵王帝释像，以及《法华经》廿八品功德变相；十是三乘因果入道位次图。

相国寺每月有五次开放，日期是初一、初八、十五、十八、廿八，这里成为百货杂物的交易所。因为地方大，在寺中广场的两侧庑廊，可容纳万人左右，凡是到京都的货物，这里成为临时的市集，买卖非常旺盛，几乎什么买卖都有。当时人也叫相国寺成"破赃所"，可知各路的东西都集中在此地脱手。

在正面三个大门的门楼上，都是些飞禽、猫、狗之类，还有些是少见的动物，几乎是无所不有。第二与第三门楼上杂物较多，许多还是由外地来的，如蕃刀、蕃笛等。在庭中有彩带装饰的帐幕、屋篷等，卖的物品相当复杂，草席、屏风、帏帐、洗漱用品，骑马用的配件如鞍辔之类，还有卖弓、剑，时鲜水果，腊脯肉类等，真是百品杂陈的市集。

相国寺内有佛殿，所安放的佛像就是唐代慧云所设的大佛，佛身金像是名匠王温所彩画，他的技艺号称绝手。在这佛殿附近，有孟家道院王道人的蜜煎，大概是零食之类的果饯。另外有著名的笔、墨等文房二宝；笔是赵文秀所制，墨为潘谷墨。这潘谷墨在当时颇富有传奇性，潘谷所制的墨是精妙之品，而且是不二价，他本人更是妙人，传说他的墨一块只要一百钱，但若有人要讨墨，就把断碎的墨送人。墨本身只用四两的胶，遇潮湿不软坏，似有独门秘方，又似乎靠"真气"来制墨。宋代的名人黄庭坚，有一天见到潘谷，把所收藏的墨拿出来，潘谷隔着装墨的小袋子，就可摸测出是什么有名的墨，他曾经摸测出自己二十年前所造的墨，并且认为后来精力不足，再也造不出以往所制的好墨来，这表示他的墨还要靠着真气来制。同时他的小块碎墨，有的医生还认为可以用来配药，也表示这墨是有真气之故。他的死也很特别：有一天，他将买墨欠钱的账单烧了，大醉三天，跳到枯井中，坐化而去，似乎他并非凡俗的墨匠。苏东坡曾写诗赠送给潘谷，里面有"一朝入海寻李白，空看人间画墨仙"的句子，非常传神，意思是说潘谷为墨仙、墨隐之流的高人。

在两廊有各寺庙的师姑们卖些刺绣手工艺品、领抹、花朵、珠翠、头面、镶金边的幞头，各种帽子，冠带，发髻的簪、钗等，多是些服饰之类的用品。所谓幞头就是帽子，它起源于唐代，五代以后逐渐流行普遍，俗称为"四脚"，就是包头发的帽巾有四带，二带系于脑后垂下来，二带反折于头上附顶，也称为"折上巾"。本来在唐代是帝王才能用硬脚，到唐末时，许多藩镇军阀也用硬脚。宋代的幞头大体有五种：直脚、局脚、交脚、朝天、顺风，其中直脚的形式，不分贵贱都通用流行。

在殿后的资圣门前面，有各种书籍、玩好等，其中不乏前代的诗文书册、名家图画等。还有一些全国各地官员带来的土产、香药等物品。在后廊都是些算命、卜卦等江湖术士云集之地，买卖的也都是这一类神奇的"法术"，以及相关的书物等。

在三门的阁楼上以及资圣门，都有金铜铸造的罗汉像五百尊，还有所谓"佛牙"的贡奉，这些陈列的"圣品"，要在斋祭之时，有旨命才能开示。在三门的左右，另有两座琉璃塔，在寺内就是东、西塔，以及各院。出了角院舍，那里有住持的僧官，凡遇到斋会时，所用的器具对象，需要的饮食茶果等，即使是三五百份，也都能依样办好，这也都是他们平日熟练的职责所在。

在大殿的两廊，全是朝廷名家的手笔，如王仁寿在文殊院画的净土弥勒下生壁画，在净土院画的八菩萨像，以及征辽猎渭图，高文进画的文殊、普贤变像、壁神、北方天王等像，王道真画的志公变相十二观音面像，李用及李象坤合画的牢度叉斗圣变相，还有李元济临仿的各图像，等等。最有名的是左、右两壁的名画，在左壁的是炽盛光佛降九曜鬼百戏图，这原是五代名家高益所画，右壁为佛降鬼子母揭盂图，据说出自名家李龙眠的手笔。至于殿中其他的陈设、画像等，件件都是精妙绝伦的。

我们看了上面有关相国寺内部的情形，知道孟元老记载的是在寺庙每月开放时的盛况，就是通常的庙集。这种庙集在古代中国是非常普遍的，就是在现代也是常见的，只不过相国寺是种固定的市集，每月固定有五天，那五天就成为都城里一处吸引人的景观了！

相国寺外的情形也顺便在此叙述，《梦华录》中是从寺的东门外各街巷说起。

在寺东门外大街的许多店面，尽是些幞头、腰带、书籍、冠帽等，另外有家称为丁家素茶的饮食店。在寺的南面为"录事巷"，也就是妓馆，这对相国寺的位置而言，似乎太尴尬了，佛寺南方就是风化区。"录事"原是唐代时所用的名词，称妓为"酒纠""录事"，看来宋人对此倒颇有古风。另外有绣巷，就是师姑们专门刺绣手工艺品的地方。

北方是小甜水巷,这巷内有二多,一为南食店多,一为妓馆多。再向北是李庆槽姜铺,大约是卖腌渍的姜。从这里一直向北,可经过景灵宫的东门前面,再往前曲巷的东方,有税务街、高头街、姜行后巷等地方,这些都是被称为"脂皮画曲"的妓馆。那儿还有南、北讲堂巷,就是相国寺的讲院,用来讲说佛经之处。孙殿丞的药铺以及靴店等都在附近。

出了界北巷,巷子口有宋家生药铺,这药铺最令人注意的是他拥有名画家李成的许多山水画。李成是五代末宋初之人,在我国的艺术史上极为有名,据说他喜爱香药、喝酒,与这开药铺姓宋的人交情极好,故而常去宋家。每到酒酣时落笔挥洒,烟云万状,淋漓之至,可谓神来之笔。宋家药店的两壁上就挂了许多这种杰作。

从景灵宫东门大街向东,在街北面是旧的干明寺,大概寺庙遭火废弃,就改建成五寺、三监等机构。所谓五寺是指太常、太府、司农、大理、宗正,三监是指将作、军器、国子。不过,北宋的这八个机构不是常设的,有时并未全部设立,而时有兼营的情形。往街东的南面是第三条甜水巷,街的东方下去是家客店,名叫熙熙楼,在京城里是相当有名的,往南是高阳正店,往北可通到马行去。

向东走,街的北方有车辂院,南方是第二甜水巷。再往东是审计院,这个机构原名为"诸军诸司专句司","专句"为避宋高宗(赵构)的名讳,就改成"诸军诸司审计官",是一个赋禄的审计单位。接着往东去,是桐树子韩家,这韩家就是北宋韩绛、韩维兄弟,二人都官居宰相,成一时美谈。因为家门前有梧桐树,故有桐树子韩家之称,以别于另一名臣韩琦的韩家。当韩绛去世时,曾有人作挽联:"棠棣行中排宰相,梧桐门巷识韩家。"是非常写实的。

由韩家可以直通到太庙的前门，南面可以通到观音院，这里是第一条甜水巷，而已经在皇成东门（丽景门）里街的北面了。观音院依北宋的典故，在平时，如果宰相、执政等最高级的官员，常发生政治纠纷或出了差错时，就暂时迁居到此，表示去留未定之意，所以当时人称为"执政待罪"之地。如果由太庙北入榆林巷，就可以通到东门靠北方的曹门去，沿路街巷景色，难以一一说明。

六、宫寺与庙宇

在前面已经说到的寺观庙宇有景灵东、西宫，报慈寺，五岳观、四个太一宫、佑神（圣）观、九成宫、会灵观、武成王庙、延真观、上清宝箓宫、泰山庙、祆庙、单将军庙、建隆观、延宁宫、四圣观、三尸庙、德安公庙、法云寺、相国寺二十四个。孟元老又接着描述了其他庙观。

在东门的新宋门（朝阳门）里街北方，有著名的上清宫，又称上清储祥宫。据说是宋太祖赐给太宗所建的，在仁宗庆历三年（1043年）失火，只剩下个寿星殿。在街西方有西茚山下院，大概也是道教的观院。东水门里有醴泉观，本来在真宗皇帝大中祥符元年（1008年）的五月，泰山的醴泉涌发出水，于是在那儿建了醴泉观，后来认为是大大的吉祥，于是在京城里近水的地方也建了一个醴泉观，不过后来到金代时就毁了。

第四章 街景与市容

观音院前面已提到，在太庙南门一带。上清宫的背后有景德寺，是个佛庙，奇怪的是庙前有不少妓馆，名称叫"桃花洞"。在皇城北门的旧封丘门（安远门）外有斜街子，那里有著名的开宝寺，它的范围并不限于一幢庙宇。在宋代人的记载中，许多地方都提到它，可见是相当著名的名寺古刹。开宝寺旧名独居寺，创建于北齐天保十年（559年），到唐代开元十七年（729年）时改为封禅寺，宋太祖开宝三年（970年）改成开宝寺，到北宋末年这个古刹已有五百多年的历史了。

宋太祖重修过开宝寺，大约扩建成二百八十间房。到太宗皇帝时又增建一塔，伟丽绝伦，在京师各塔中是最高的。负责建筑工程的是官方的总工程师喻浩，他的设计最令人叹服。这个八角形十三层的高塔，有三百六十尺，不只是土木宏壮，规制精确，而且金碧光耀，在当时全中国似乎也是首屈一指的杰作。据说这塔看起来并不正直，有倾向西北的趋势，也就是像斜塔一样。喻浩对询问他的人解释，京城地平无山，又多西北风，故而不到百年，西北风就可把塔吹正了。当时人以为他考虑之深、计算之精，是宋代第一人，而且他的工程学理也成为那时的典范与学习的对象。

开宝寺塔是安放释迦佛的舍利而建。在此前，舍利放在杭州，就是所谓阿育王七宝塔，在宋代以前是属于吴越国的地方，太宗皇帝时，吴越归服，于是将这舍利子取到京城安放。在真宗皇帝的大中祥符六年（1013年），传出舍利大放金光之事，于是就赐塔名为灵感塔，但这塔在仁宗皇帝的庆历四年（1044年），为一场无情之火所烧毁。

在开宝寺的东方有个上方寺，相传也是北齐时所建。这寺被看成开宝寺的一部分，故又称为东院。它还有几个名称，或称光教寺、佑国寺、铁塔寺等。称为铁塔寺较为人所熟知，因为灵感塔既被烧毁，就在上方寺再建造一塔，也是由喻浩来负责工程，几乎完全照灵感塔再建，八角、十三层、三百六十尺等。因为是铁色的琉璃砖塔，所以称铁塔寺，可不是铁造的。这塔中据说层层都有铁铸的佛像，塔的八面是围廊，六面有窗，向南有门，门两旁有篆字对联，门上匾额写着"天下第一塔"。塔顶上有丈余高的铜宝瓶，塔中的彩绘工艺是由名家郭忠恕所制作，工程非常讲究。

上方寺有铜或铁所铸的普贤、文殊二菩萨的骑狮像，相当高大。在莲座下有海眼井，深可二丈余，井中泉水甚甘。寺前有左、右两山门，以及高丈余的围墙。东面有钟楼，楼基的砖座高达一丈八尺，北面有石梯可以上去。那钟有六十斤重，每当亲王去世时，就要撞鸣三天三夜，所以又叫"引魂钟"。楼上还有琉璃四扣兽、佛像等古物。寺的正殿有五间，中有铜制的接引佛，高约有二丈，后殿也有五间，正中是坐佛。两者有罗汉殿，有五百漆胎菩萨，在外表都装饰金碧色，精妙无比。另外有转轮藏黑风洞、白玉石佛、地藏王殿、五柳亭等。看来上方寺的规模根本就是一个可独立的大庙，大概因为与开宝寺太近，所以就连成为开宝寺的东院了。

孟元老说当时的开宝寺有二十四个院，其中最盛是仁王院。他接着又叙述了京都其他的寺庙，在靠北方的清晖桥有个天清寺，原来是周世宗时所创建，是以天清节来命名，寺内的砖塔叫兴慈塔，俗称为繁塔，宋太宗初年又重修。但大约在元代末年，这寺与塔都毁了。

金水门外有兴德院，在金代时因兵火而毁。鹿家巷里有长生宫，炭场巷北方有显宁寺，陈州门里有婆台寺。这婆台寺可能是繁台寺之误，不过也有人以为它就是天清寺，一时难于确定。在红门道有兜率寺。城西的草场巷街南面，有地踊佛寺，油醋巷有十方净因院，这两座寺院后来在元代末年都毁了。

在第三条甜水巷有浴室院。旧曹门外有福田院，卸盐巷有报恩寺。还有几个女道士所住的宫观，它们是城西洪桥子大街的太和宫，班楼北方的洞元观，以及金水门外的瑶华宫。瑶华宫有个特别之处，即宋代被废的皇后，都要住入道观之中，而且都有个道号，如仁宗皇帝的郭皇后，称为金庭教主，哲宗皇帝的孟皇后，称为华阳教主，而孟皇后就住在瑶华宫内。

在旧酸枣门（景龙门）外有万寿观，本来它是玉清昭应宫的一部分，在真宗大中祥符元年（1008年）所造。那时是为了安放"天书"而建，原预计要十五年才能修成，由于日以继夜地赶工，只用七年就完成了，共有二千六百二十间房，规模大得惊人。但是在仁宗天圣七年（1029年）的夏天，夜里一场大雷雨，宫中起了大火，烧得只剩下长生、崇寿两殿。朝廷大臣认为这是上天的警兆，所以决定不再重建，就将剩下的殿屋修成万寿观，把崇寿殿改名为太霄殿，奉祀玉皇大帝的铜像，再增修了宝庆、延圣两殿，以及膺福斋殿、昆玉池亭，还有放章懿太后像的殿等。但宋史里没有章懿太后，而有真宗皇帝的章怀、章穆、章献三个皇后。

七、医铺及其他

从马行往北去，有些小货行，以及时楼大骨传药铺，直可以通到正北的旧封丘门（安远门），这条路的医师诊所、药店等很多，有些都是有高官的头衔的医官们,如杜金钩家、曹家、独胜元、山水李家等,这些是属于口齿、咽喉科;小儿科的有石鱼儿、班防御、银孩儿、柏郎中家等;妇产科的如大鞋任家。其余沿路许多香药店、官员宿舍等,不必一一记述了。医药等在夜市北州桥一带,恐怕旺盛百倍,车马拥挤到没有立足之地,那里都城的人称为"里头"。

在京城还有一些杂事,《梦华录》记载了几条关于"般载杂卖"的情形:

般载车大的叫"太平",这太平车上面有箱,没有盖子,箱子如勾栏,四围平整。车板壁向上伸长两根木柱,长约二三尺,驾车的人在中间,两手可扶,手也拿着鞭缕赶车。车前有两行的骡或驴,有二十多头;有时是用五六头牛。车轮子与车箱并齐,后面有两根斜木脚拖,在晚间还挂着个铁铃,车子走动时,自然有铃声叮当,使远来的车马可闻声避开。车后还系着两头驴骡,遇到下坡的桥、路时,可以在后面牵拉,使车子减速慢行,避免冲倒的危险。

一般的太平车可载重数十石。另外有种"平头车",也跟太平车相似,但是较小些,两轮子前方伸出的长木作辕,木梢有一根横木,用一头牛在辕内来负横木,人在一旁。用手牵着牛鼻的绳子来驾引。这种车子通常是酒店中用来载酒梢桶的,酒梢桶如同长水桶一般,桶面有个鬲口,每梢约有三斗,值一千五百文。

还有一种宅眷坐的车子,是妇女乘坐的,大体与平头车相似,前后有勾栏门和帘子,又有棕叶做的顶盖,像个很小型的房间一样。独轮车也很普遍,前后有两人来操纵驾驭,两旁各有一人来持扶,由驴子在前拖拽。这种车也叫作"串车",多数是用来搬运竹木瓦石等,以及卖糕饼之类;若用来载重物,恐怕是不济事的,它没有前辕,只用一人或两人来推。

第四章　街景与市容

有种叫"浪子车"的，是平底盘，两轮子，但要用人来拉车。又有短梯盘而没有轮子的车，用来载巨石大木，这称为"痴车"，可以节省人力。还有驼骡驴驮子，是用皮革或竹片做成的袋子、筐子等，搭在骡、驴的背肩上，可以装货搬运，如果是豆类东西，往往就用布袋来装。

关于京城里钱陌的算法，以及一些物品的行情，孟元老只简单地举了几项例子。官方是以七十七文钱为一陌，这原是五代时期的老法子，最初是八十文为一陌，官方扣除三文，宋代就照着沿用了；不过一般街面的行情又低些，通行的算法是七十五文钱。买卖上而言，鱼、肉、菜等是以七十二文计，金银是以七十四文计，买珍珠、雇婢女、买虫蚁小动物等，则以六十八文计，文字书画等，就以五十六文计算。可知各行情并不一样，计算标准也不划一。

孟元老记载了一项难得的资料，他谈到京城的救火设备。通常都市里的火灾是在所不免的，那时的消防队自然是较简陋，而且有些设备的使用情形，也不易确知其详。孟元老说京都每个坊、巷三百步左右，就有军巡铺屋一所，其中有铺兵五人，他们的任务是夜间巡警，收领公事，平常尚需到瞭望台上去瞭望，通常在高地上用砖砌成"望火楼"。楼之下有官屋数间，驻扎兵士百余人，这大约就是客串的救火员了。其实宋代都城的消防队，都是由官府军方来负责，每遇到失火时，由马军士兵报告叫作"厢主"或"厢使"的长官，然后马军、步军、殿前军三单位，以及开封府，都要率兵士出来救火。他们使用的器具，有大、小水桶，酒子或洒帚、麻搭、斧锯、钩子、梯索、火叉、铁猫儿等。

关于当时官、民要雇用各种人力、才技等情形，孟元老也有一条简单的记载，他说凡是要雇人力、干当人、酒食作匠等，各有

"行老"来提供这类人才,如果要找"女使"之类的,也有"引至牙人"来提供介绍,可以说是一种介绍所之类的职业。人力与干当人就是指一般各行业,以至于官府内所需的员工。详细的各差使、名称等是非常繁杂的,正是三百六十行,各行各业的差使、人力都有。例如负责运送货物的人员、饭店的各员工、跑腿的、供使唤的、门房、洒扫员工、轿夫、园丁、男佣、女佣、店员等,可以说是社会上一般的较下层的职员、工人等行业。

酒食作匠,也就是酒店、饭店的厨子、酿酒的工匠之类。至于"女使"之类,是种总称,大约是指富人家或官员等所要的婢妾,以及娱乐的演艺女伶等。她们的名称各地不同,有好多种称呼,如祇候人、左右人、贴身、横床、横门、身边人、本事人、供过人、针线人、堂前人、杂剧人、拆洗人、琴童、棋童、厨娘等,这些简单的名称大都可以就字面来了解。有的称呼显得鄙陋、暧昧,如横床、横门。也有的名称是按姿品来分等级的,如厨娘就是较下等姿品的人。但不论如何,雇用这种"女使"的人家,都必是富贵的门户无疑。

第五章 饮食与生活

第五章 饮食与生活

一、夜市及酒楼

在京城里有名的夜市位于州桥一带。从皇城南门的朱雀门出去，直往龙津桥，偏向东方便是州桥。龙津桥和州桥都对着皇城的御街，相当出名。州桥南方一带就有各种吃食摊贩，种类名称极多，恐怕有些东西既不知是什么样子，也不知是如何去做的，只有把这些东西照孟元老所记的，写在下面了。

夜市当街有"水饭"、熬肉、肉干之类的小吃。水饭不知是什么东西，只知道一般官府宴会也吃它，通常是在前一二道菜中吃，不晓得是否属咸稀饭之类，里面放些小姜瓜等。在王楼（酒店名）前有不少山产野味，如貛儿、野狐等肉，还有一些肉脯、鸡等。梅家、鹿家两个店里，卖的是鹅、鸭、鸡、兔的肚肺，鳝鱼包子、鸡皮、腰肾、鸡碎等，每个大约不过十五文，算是相当便宜。以那时的米价来看，通常一斗米要二三百文左右；米价有高涨，本来北宋中期的神宗皇帝时代，一斗米才六七十文。若以绢价来看，那时一匹绢要一千文以上。以金价来看，宋初是一两值一万文上下，到北宋末年时，要到二万文左右。银子也是在上涨中，北宋中期多在一两一千文左右，到末年就超过二千文了。照这样看来，当时的物价情形与现在大致差不多。

通到朱雀门一带也是夜市的范围。那里卖的是旋煎羊、白肠、鲊脯、爒冻鱼头、姜豉䴵子、抹脏、红丝、批切羊头、辣脚子姜、辣萝卜。夏天里，清凉的吃食就纷纷上市，有麻腐鸡皮、麻饮细粉、素签沙糖、冰雪冷丸子、水晶皂儿、生腌水木瓜、药木瓜、鸡头穰沙糖、绿豆汤、甘草冰雪凉水、荔枝膏、广芥瓜儿、咸菜、杏片、梅子姜、莴苣笋、芥辣瓜儿、细糖馉饳儿、香糖果子、间道糖荔枝、越梅、锯刀紫苏膏、金丝党梅、香橙丸,像这一类众多的食品,都是用梅红色的匣盒盛装,摆着售卖。

到冬天时,热烤的食物较多,有盘兔肉、旋炙猪皮肉、野鸭肉、滴酥水晶鲙、煎夹子、猪脏等,还加上龙津桥那儿卖的须脑子肉,通常人称这些东西为杂嚼。

夜市通常要闹到夜里的三更天,卖的东西不差于现代的夜市,也都有不同时令的特色。

酒楼在京城里相当的多,有的是一种高级的饭店,有的是豪华的风月场所。因为是京都之故,第一流的消费自然较多,酒楼大约是奢侈生活的去处了。

京城酒楼的门口,都用彩带之类结成一道"欢迎"之门,这在张择端的《清明上河图》中可以清楚地看到。有一家名为"任店"的酒楼较特别,进门一条正面的走廊,这是主廊,长有百余步,在南、北天井的两边走廊,全都是小合子的房间,傍晚时分,都点上灯火,一片辉煌相照。此时数百名歌妓也都出来了,个个浓妆艳抹,彩衣飘飘,聚集在主廊檐边,等待酒客的召唤,看起来自如"仙境"的仙女似的。

任店往北,过了杨楼酒店,再往北穿过马行街,有东、西两巷。称为大、小货行,都是手工匠、技术工人等所住之地。由小货行可通到鸡儿巷,由大货行可通到笺纸店,以及鼎鼎有名的白矾楼。这酒楼通常人称矾楼,传说因主人姓矾而得名;但也有人说是卖矾商人们聚会之地而得名,不过后来还是改名为丰乐楼,新、旧名随人称呼。这楼在北宋末年的徽宗皇帝时代,又增建三层楼成为五楼高,五楼相映,都有飞桥栏杆,明暗相通。楼上就如同一般酒楼一样,各有许多合子的房间,珠帘绣幔,灯烛闪耀,颇为豪华。这酒楼刚开幕时,为了招徕顾客,也不免搞个噱头,凡是最先到临的客人,赏一面金旗,大概可以享受免费优待一二夜的。

一般酒食店聚集所在的地方,不论风雨寒暑、白天夜晚,都是行人不断而热闹非凡的,更不用说酒楼之类了,这是最好的销金窝。不过上酒楼也是那时的风气,不论哪类人都可公开地去,似乎没有什么限制。像矾楼这么有名的豪华场所,似是令人不易忘怀的,例如宋人曾留下这么一首诗:

梁园歌舞足风流,美酒如刀解断愁。
忆得少年多乐事,夜深灯火上矾楼。

其他有名的酒楼如皇城东面的旧宋门外,在浴堂巷附近有仁和店、姜店,城西有宜城楼、药张四店、班楼,金梁桥下方有刘楼,在曹门有蛮王家、奶酪张家。在城北有八仙楼,城南戴楼门有张八家园宅正店,在城西还有郑门附近的王家、李七家正店,景灵宫东面有长庆楼,等等。在京城里,这类的"正店"约有七十二家,此外还有很多,实在没法仔细算出来。

大体上除正店之类的以外,通常叫作脚店,也就是专门卖各种精、粗酒菜的酒店,比较倾向于餐厅性质。有名的脚店,还是达官显贵们常去的地方,如第一流的是称作白厨的一家,以及在城西安州巷的张秀家。其次的有在保康门的李庆家、东鸡儿巷的郭厨、郑皇后住宅后的宋厨、在曹门的砖筒李家,另一个李家为寺东骰子李家,还有黄胖家,等等。这么多家,都是当时的名厨。

酒楼所在的地区很多,最繁华热闹之处,都是彩楼相对,家家竞相张灯结彩,旗帜飘扬,甚至一片旗海,遮掩天日,真是盛况。如在九桥门街市的酒店,还有北宋末年的长庆楼酒店,都是最好的代表。酒楼平日如此,遇到节庆更是热闹,例如在元宵夜里,就会点上莲灯一盏,诸如此类的,更加添了娱乐的气氛。有的酒楼如果位置不好,恐怕会影响发达,如内西楼,大概紧靠皇城,上楼就可望见大内,所以后来禁止人们上楼。

酒楼里吃喝的情形,孟元老也略有记载。如城东的仁和店,以及新宋门里的会仙楼正店,大致是差不多的,除了各种设备、人手等样样俱全,价格也相当昂贵。主要是在京都之地,城中的人都比较奢侈,有时成为固定的一种排场样式;凡是走进酒店的客人,即使是两人相坐对饮,也要花费不少,至少要来两碗酒,两盘像样的菜,果蔬五碟,小菜三五样,这样吃下来,得近百两银子。如果一人来独酌小饮,所用的器皿等也是用讲究的银质货色,果子、菜蔬也相当精致,若想要选些别色的下酒菜,可以叫店员外出去买来,像软羊肉、龟背、大小骨、玉板鲊、生削巴子、瓜姜之类,当然花费也得多些了。

二、饭馆店摊及饮食

上面说的夜市、酒楼等,自然是饮食中的行业,除有的酒楼带有风月场所性质之外,其他的餐饮业,不论是饭馆、店摊还有不少,甚至兼有夜市的性质。

从马行往北,朝旧封丘门走去,门外是祆庙斜街的"州北瓦子",也就是城北的瓦子,那儿的新封丘门大街两旁除了一些民户、店铺外,还有各种值勤的兵营,一直连绵到新封丘门十余里地。其外便是纵横交错的街坊巷陌,数目多得弄不清楚。其中处处都是门庭院户、茶坊酒店、饮食商号,显得是个拥挤热闹的地区。一般生意人家,都到商店买现成的饮食,通常家里并不准备什么菜蔬的。那里有名的食物,如北方口味有矾楼前的李四家、段家的爊物、石逢巴子等。爊物就是把肉类调和五味,放在容器中去蒸熟。南方口味有寺桥的金家、九曲子的周家最为出名。这些店铺一直开张到夜里三更,而有的店铺在五更天又开始做买卖了,看来中间歇息的时间很短,自然也说明了当时生意的频繁,以及经济活动的兴旺。

如果要到热闹的地方去,可以看到通宵不眠的各行业的活动。平常稍微远些、比较清静的地方,也有夜市买卖。在吃的方面,多是爊酸豏、猪胰、胡饼、和菜饼、獾儿、野狐肉、果木翘羹、灌肠、香糖果子之类。灌肠就是把猪小肠中塞些糯米等,切成片来油煎,然后沾些盐、蒜等调味料来吃,这与现在的食法差不多,似乎是流传很久的食物。

在冬天里,虽然有大风雪、阴雨的日子,但夜市仍然不停。卖的食物有剿子、姜豉、抹脏、红丝、水晶鲙、煎肝脏、蛤蜊、螃蟹、胡桃、泽州饧、奇豆、鹅梨、石榴、山楂、榅桲、糍糕、丸子、盐豉汤等。看来东西相当多,跟前面谈到州桥至朱雀门一带的夜市也差不多,山产、海鲜、糕饼、腌渍、内脏、汤类、水果等小吃都有,只是有些东西不能确知是什么样子的食物。除此之外,大约到了三更天,就有卖茶水的来,因为这时公、私办事人员,到夜深才歇息下来，正好喝些茶回去休息。

　　上面的这些叙述，自然是因应京都生活吃的这方面的特写，不但食物品种多，几乎是个不夜城。孟元老又特别叙述京都生活一天的开始，他说当天将黎明，各种活动就已开始了，大约近五更天时，城里各寺院有人打着铁牌子，或者用木鱼来报告时间，街道巷弄都知道就要天亮了。他们一面报时，一面在固定的"地盘"内化缘。官府上班的人、各行业的人，也因听到报时声音而起床，这时各门桥、街坊也开启给人通行。有的人就到瓠羹店里，叫些早点来吃，多是些"饶骨头"，或者灌肺、炒肺之类的东西。酒店里还点着烛火做买卖，因为天色还不够亮之故。卖的东西相当便宜，每份不过二十文，包括了粥饭、点心等。有的还兼卖洗脸水，这是在古代才有的现象，现在当然没听说过还到街上买洗脸水的。不过他们也不是只卖水给人洗脸，因为客人起床就出门，洗把脸后要吃喝点什么，故酒店顺便一起做了买卖，提供洗脸水外，还卖些煎点汤茶药的。当时的习俗是有客人来就啜茶，若客人要离去就啜汤。这汤是用甘香的药材来做的，凉汤或温汤都有。药材多是甘草之类，所以一早赶着出门，就要喝些这种茶汤。

　　天亮后活动就忙碌起来了。杀猪羊的就推着猪羊、车子等上市，动辄有百多头。各种水果类的多集中在朱雀门外，以及州桥西方一带，所以这些地方也就叫作"果子行"。另外有卖纸画的也在那儿。宋代各行业都有"行会"之类的组织，这是为了便于管理及收税，有时称团、行、市、作等不同名称，集中的地方也不同。如在城西面卖花的，就叫城西花团；在后市街有卖柑橘的，就叫后市街柑子团；在坝子桥卖鱼的，叫鲜鱼行；开澡堂浴室的叫香水行；城东面有蟹行；在城北有卖米的，叫城北米市；官巷也有卖花的，叫花市；

第五章 饮食与生活

替人裱字画的行业，叫裱褙作；水泥工叫泥水作；裁缝就叫裁缝作；木工叫木作；等等。

做买卖的各行业都有专门的名词，如卖麦面，每秤作一布袋，叫作"一宛"，也有三五秤作"一宛"的。然后用太平车或驴马等来驮载，由城外运入城来做生意，从五更时直到天大亮，络绎不绝。在沿着御街一条大道，直到皇城南门前，卖药及各种饮食的非常之多，各种吆喝叫卖，不绝于耳，显得无比有活力与生气。

跟饮食有关的各行业，孟元老举出了几个例子来做进一步的说明，首先看看一般饮食店。他说较大的食店叫作"分茶"，里面卖的有头羹、石髓羹，这大约是用骨头煮的肉汤、粥之类。另外有白肉、胡饼、软羊、大小骨角、奲犒（炙烤）腰子、石肚羹、入炉羊罨、生软羊面、桐皮面、姜泼刀、回刀、冷淘、棋子、寄炉面饭之类，所谓冷淘就是现在的凉粉。还有吃全茶的，大约是一整桌酒席，另外有种饶斋头羹，不知道是什么东西。

京都有四川馆子，里面卖的是插肉面、大燠面、大小抹肉、淘煎燠肉、杂煎事件、生熟烧饭等。

南方馆子卖的有鱼兜子、桐皮熟烩面、煎鱼饭。有的瓠羹店，门前搭个棚子，用枋木和有各种花样杏木来结扎，上面挂着整片大块的猪肉、羊肉等，大约有二三十块之多，这恐怕是相当大的店面了。到店里面，大门及门边的窗户都用红、绿色装饰，有个特别名称，叫"骗门"，店内有东、西两廊的厅院，每个座位都有称呼的号码。当客人一到，就有店里的人招呼，手拿着筷子和纸过来，同时询问客人点菜。京都的人生活显得奢侈，要东要西的，或凉食、热食、温食，以及非常凉冷的食物；有的要整桌的菜，有的要些浇在面饭上的肉汁，等等，每个客人点不同的食物。

店员服务生之类的跑堂，当时叫作"行菜"，照点菜次序的先后排列在厨房外，一一报菜单到厨房内。掌厨的师傅叫作"铛头"，或者叫"着案"，这个案就是桌案的意思，负责厨房里的桌子，因为做各种菜食是在桌上处理的。

菜报给了厨房，不久出菜了，就该"行菜"来露一手，只见他左手操着三个碗，右手由臂到肩，叠着约有二十碗之多，好不惊人的功夫！他还得有分配菜的熟练动作，以及很好的记忆，不容有差错，要是送错了菜，客人向老板抱怨一下，不是遭到责骂，就是被扣罚工资，甚至被开除。

较有身份地位的人到这种店里，就用最好的琉璃浅棱碗来招待，以示尊贵，这种碗叫作"碧碗"，也叫作"造羹"。所吃的菜自然也相当精细，这叫作"造齑"，每碗大约要十文钱。有种面和肉一起煮的叫"合羹"，大概是种肉丝面之类；又有半个的叫"单羹"，可能是只有一半的分量。吃时所用的是筷子，但以前都是用汤匙来吃喝的。

有的食店是专卖插肉、拨刀、炒羊、细物料、碁子、馄饨等，以及有专卖素食的分茶店，好像吃斋一样。分茶店里卖的东西，常常看到一些菜面、蝴蝶齑肬膪、随饭、荷包白饭、旋切细料、馉饳儿、瓜齑、萝卜之类。

卖饼的饼店，大体分成两类：一类是油饼店，如蒸饼、糖饼、装合、引盘等。蒸饼又叫炊饼，因为要避仁宗皇帝名字（贞）同音的忌讳之故，它可能就是馒头。另一类是胡饼店，大概是烧饼之类，卖的有门油、菊花、宽焦、侧厚、油碢、髓饼、新样、满麻等名堂，可惜这些饼不知是怎么做的，孟元老也只写下这些名称而已。卖饼的店，每个工作桌子有五个人来做，天不亮的五更天就开始动手，

第五章 饮食与生活

城里远近都可以听到做饼的声音,这也是都城的特色。城里最大的饼店,如武成王庙前的海州张家、皇建院前的郑家,每家店里都有五十多个炉子,这样的规模的确相当大。

卖肉类的肉行,当然都有桌案,像我们现在在市场卖肉的一样。不过那时的桌案似乎要大些,有三五个人来操刀,排场不小;而且生肉、熟肉都卖,随客人需要,要切大块的、切片的、细切成丝的、砍块的都可以。到晚上,肉店还卖些煨爆热食,上市的也是肉类食品,东西卖得不贵。

卖鱼的鱼行,多是新鲜的活鱼,通常放在浅小的木桶,盛些清水,有的在店中卖,有的也挑着沿街叫卖。像这样的鲜鱼,每天早上由新郑门、西水门、万胜门运进来,大概有几千担之多。到冬天来临时,由黄河各远地来的鱼也有了,这些被称为"车鱼"的,每斤不超过一百文。

孟元老又在一篇《饮食果子》里,介绍了京都的各种食物与水果,其中一些和前面有相同之处。在这篇文章中,他所开列的菜单非常多,不过是专讲酒楼里的饮食,也顺便提到那时酒楼内的各种名堂,以及一些经营的情形,现在不妨再来看看。

都城凡是卖下酒菜的厨子,叫作"茶饭量酒博士",店里头的年轻店员叫作"大伯",有一种妇女叫"焌糟",她通常在腰间系着一条青花布手巾,头上绾个高髻,专门替酒客换汤斟酒,有点像服务生。还有一些并不是正式店员的人,他们看到有年轻人上酒楼,就跑上去陪在旁边,当当使唤的跑腿,或者去买个东西、叫叫歌妓、取送些钱物之类的。这些人像是游手好闲的人,没事客串跑腿,所以就被称为"闲汉"。

有的为客人换汤斟酒,还兼唱唱歌,拿些什么果子、香药之类的,他们等于是帮酒楼来侍候客人,所以等客人走后,也会得些钱,这种人就叫作"厮波"。有一种较低级的歌妓,不等着客人招唤,就自动上门来,她们只是来唱唱歌,所以客人临时高兴赏给些小钱,或者用值点钱的东西来打发,这种歌妓叫作"札客",也称为"打酒坐"。还有一种叫"撒暂"的人,他卖些药、果实、萝卜之类的东西,其实他也不问客人买不买,反正就分给客人,客人不愿扫兴,只有买下。

像上面讲的这种打酒客主意的人,几乎到处都有。但有的酒楼就不准这种人进店,例如州桥炭张家、奶酪张家等。不但如此,这两个张家也不卖下酒菜,店中只有腌藏好的菜蔬,大概像咸菜之类的,用来下酒。不过这家的酒倒是全部的好酒。

京都人称为"茶饭"的,有很多种类,且让我们看看这菜单吧!百味羹、头羹、新法鹌子羹、三脆羹、二色腰子、虾蕈、鸡蕈、浑炮等羹、旋索粉、玉碁子、群仙羹、假河鲀、白渫齑、货鳜鱼、假元鱼、决明兜子、决明汤齑、肉醋托胎衬肠沙鱼、两熟紫苏鱼、假蛤蜊、白肉、夹面子茸割肉、胡饼、汤骨头、乳炊羊胰、羊闹厅、羊角、齐腰子、鹅鸭、排蒸荔枝腰子、还元腰子、烧臆子、入炉细项、莲花鸭、签酒炙肚胘、虚汁垂丝羊头、入炉羊、羊头、签鹅鸭、签鸡、签盘兔、炒兔、葱泼兔、假野狐、金丝肚羹、石肚羹、假炙獐、煎鹌子、生炒肺、炒蛤蜊、炒蟹、煠蟹、洗手蟹等,共五十余种。

茶饭似乎固定要有这么多味菜,随时供客人点用,有时客人会要求不在此限的下酒菜,店里也需应付做出来。还有不少的菜是外来寄卖性质,例如烤鸡、卤鸭、羊脚子、点羊头、脆筋巴子、姜虾、酒蟹、獐巴、鹿脯,以及一些蒸的食物、海鲜、水果、旋切莴苣生菜、西京笋等。

第五章 饮食与生活

有些小孩子穿着白布衣服，戴着青花手巾，拿着白瓷小缸，里面装卖的是辣菜之类的开味菜，还有卖各色各类的干果子，如旋炒银杏、栗子、河北鹅梨、梨条、梨干、梨肉、胶枣、枣圈、梨圈、桃圈、核桃、肉牙枣、海红嘉庆子。这嘉庆子就是李子，因为在京城的一个地区叫嘉庆坊，那儿的李树非常有名，所结的李子味道甘美，当夏天李子黄时摘下，以盐腌挤去果汁，再放盐晒软，把核去掉后，又晒过一次，或加些糖、酒之类做成蜜饯。林檎旋乌李、李子旋樱桃、煎西京雪梨、夫梨、甘棠梨、凤栖梨、镇府浊梨、河阴石榴、河阳山楂子、楂条、沙苑榅桲、回马葡萄、西川乳糖、狮子糖、霜蜂儿、橄榄、温州柑、绵枨金橘、龙眼、荔枝、召白藕、甘蔗、瀍梨、林檎干、枝头干、芭蕉干、人面子、巴览子、榛子、榧子、虾具等，这些都是水果以及加工制成的果干、蜜饯之类，大部分都是我们所认识的。有的是比较特别的零食，如乳糖，就是把蔗糖浆储存在罐中，到冬天冷时就冻成，也有把甘蔗做成砂糖，再加些牛乳制成。狮子糖也和乳糖相似。人面子产在广东，像桃子一样，但味道酸甜，果核椭圆形，两面像人的面孔一样，所以叫人面子。巴览子原产在四川西边，树像樱桃，果实像杏核，白色又扁又尖长。

有的果子加了中药制成，如党梅、柿膏、小元儿、小蓟茶、鹏沙元等，后面这三样东西不知道是些什么。此外，还杂着卖些各种羊肉包子、猪羊肉、烧肉干脯、玉板鲊犯、鲊片酱等。所谓鲊犯，应该是犯鲊，"鲊"是把鱼虾之类用糖、酒、醋等来腌渍制成，"犯"就是晒干，大约是先腌而后晒干或风干。

其余的小酒店，也卖些下酒菜，如煎鱼、鸭子、炒鸡兔、煎燠肉、梅汁、血羹、粉羹等，每份不过十五文钱，算是相当便宜了。

各酒店必定有厅、院的分隔。有走廊、成排列的小屋间，门窗有帘或布幔等,环境还算舒适,喝酒谈天,召妓歌唱等,可以随心所欲地享乐一番。

三、杂卖与其他行业

关于其他各种行业与社会中的活动,孟元老也有些零星的记载,我们也随他的意思,大体上来看看。

牲畜饲养。如养马,有二人专门供给切草料;如养犬,就供给狗食的菜饭;养猫,有猫食及小鱼等,这像是种职业。其他有许多小型的手工业,如修整木桶的、修补鞋子、帽子、冠带等,打香印的、印刷佛像的、油漆工、手饰匠、换扇子柄的,还有替人砍柴的樵夫之类。另有一种替人打水的工人,他们在各街巷有固定的地盘,不得越界。

到夏天里,有专替人洗毡之类的,淘洗水井的。有时有属于军方的乐队,在空闲时到街巷去表演,吸引小孩、妇女来观看,散卖些糖、果子之类,称为"卖梅子",又称为"把街"。

有一种流动摊贩,每天到住宅前或者寺庙之类附近,卖些羊头肉、腰子、白肠、鹑、兔、鱼、虾、煺毛鸡鸭、蛤蜊、螃蟹、杂燠、香药、果子,还带着卖些杂货,如冠梳、领抹、头面、衣着、各种小五金、衣箱、瓷器之类,也有的只专门零卖这些杂物,这些流动摊贩称为"勘宅"。

有的地方如后街或者空闲处,经常有围着圈子的方式,盖出一些屋子来,屋背向着屋背居住,这些有点像"违章建筑"的住宅

第五章 饮食与生活

区,都是些升斗小民的住处,称为"院子"。他们做些小生意生活,每天卖些蒸梨、枣、黄糕糜、宿蒸饼、豆芽等。

到了春季,官府开始淘挖城中的河渠,从河中挖出的泥沙,要放在特别准备的坑中,坑称为"泥盆",是为了官府来检查而设计的。也就是雇人挖起河中的泥沙,把泥沙再填放到特定的坑中,便于检查,然后才能把坑填闭起来,这样可以计算出到底做了多少工。

孟元老所说到的行业还包括了丧葬。凡有凶事出殡,从上到下,每家承办的店都有一定的规矩;如礼仪、彩带车马等,也都有一定的价钱,不需要事主费事,有点像现代的殡仪馆一样。如果送葬路远,穿街过巷,不堪劳累的话,也有专门出租马匹的,大约一百文钱就可解决了。

如果要修整房屋,或者补壁泥墙,也有地方可找到这种专业的工匠。在早晨,桥市街巷口都有这类人聚集,有木、竹之类的技术工匠,他们通常是人们所称的杂货工匠。像竹工、木工之类,他们都有铺席,也就是店面,砖瓦泥匠等的雇请也很方便,随时可以动手开工。

另外有种专为人"设斋"的僧、尼、道士们,与各类工匠一样,也是随时可受雇请的。在北宋时民间盛行请僧、道来诵经、设斋、作醮、作佛事等。丧事出葬也以他们为前导,所用的乐器不外乎铙、钹、鼓吹敲击等常见的乐器,颇受当时人的批评,认为不伦不类。政府也曾下过禁令,不准民间出葬用僧、道等仪队在前引导,送葬时也不准奏乐。但禁令似乎没有彻底执行,批评也不为百姓所接受,到后来民间仍是流行这种习俗,生辰、忌日都免不了雇请僧、道们前来。他们通常也与工匠们一样,聚集在桥、街等路口,等候召雇,当时称为"罗斋",似乎变成固定的行业了。

民间逢到吉庆、凶丧的红白喜事时，需要酒席招待亲友客人，也有专办外烩的行业，不论桌、椅的设备，碗盘器皿、酒檐与搬运的各种工具等，都有专门出租管理的，至于酒菜食物，也有厨师负责。附带着有一种特别"人才"，就是所谓的"白席人"，他负责下请帖、安排座位秩序、在酒席间当招待，还要说说唱唱地劝吃、劝喝等，这种人自是灵巧活跃的类型，而这种习俗可能是北方民间常见的。

陆游在《老学庵笔记》中，记载了一个有关"白席人"的事情。他说北宋名臣韩琦曾参加一个结婚典礼，在喜宴中偶尔拿起一颗荔枝来要吃，这时"白席人"立刻唱起来说："资政吃荔枝，请大家都一起吃荔枝。"韩琦当时是主管全国军政的枢密使，也就是资理国家大政的重要官员，因此就称为资政。"白席人"在酒宴中本来就是喋喋不休地说唱，韩琦颇为烦厌，就不再拿荔枝吃了。这时"白席人"又说了，他说："资政不高兴了，就请各位客人放下荔枝吧！"韩琦听了只有无奈地摇头笑笑。从这个故事，我们似乎更可以进一步捕捉到民间的"白席人"究竟是个什么角色。

民间包办筵席的，还被比喻为官方的四司六局，各有职掌，总称为"四司人"。民间的这四司六局是如此来分工管事的：负责搭席、设帘幕、屏风等的叫"帐设司"。负责采购、做菜食等厨房工作的叫"厨司"。负责茶汤、酒等饮料，以及招待客人的叫"茶酒司"。负责端菜、食物装盒准备送客的叫"台盘司"。六局也有分工专职，"果子局"负责安排水果之类，"蜜煎局"负责各色蜜饯零食，"菜蔬局"负责菜蔬的处理，"油烛局"负责灯火、炭烛之类，"香药局"负责香料、醒酒汤药等，"排办局"负责插花、洒扫、擦拭等工作。

民间筵席的分工相当细密周全，组织堪称完备，这类行业自有大小，各种场合都能适应，不止到府外烩，作一般的红白筵席，就是到庭园、寺院或者郊游赏玩地方的酒宴，也照样应付随雇主的心意。行业之间各有固定的地盘，也有一定的行规与营业程序，费用更是公道，即使小数目，也不至于滥收，可以说是规矩谨严，因此生意颇好，雇主自然乐意照顾，只要出钱就可放心享用，不费其他心力。

四、技艺的特写

孟元老对于京都盛行的一些特技与艺术，有一篇专门报道，虽然着墨不多，但内容却非常紧密，几乎每一句话都指出一个精彩的技艺来。我们也照着《梦华录》的记载，再稍做解说，可以看出当时京都人丰富多彩的生活部分。

从徽宗皇帝崇宁、大观（1102—1110年）年来，在京城里的瓦市民间，盛行许多特出的技艺，类别各异。如专讲《孟子》这本书的有张廷叟；以小唱出名的有李师师、徐婆惜、封宜奴、孙三四等人。小唱属于大曲一类，就是拿着板子唱慢曲或曲破，多半是起头重，然后轻轻抒展开来唱，所谓浅斟低唱，就是指这小唱。大曲是宫廷宴会表演的大型乐舞，每套大曲由若干遍组成，大体上分为三段。第一段是序奏曲，没有歌、舞，第二段以歌唱为主叫"中序"或"拍序"，第三段载歌载舞，但以舞为主，节拍急促，叫"破"。唐代大曲多以诗来唱，宋代就以词来唱。而"破"可以单独表演。

孟元老又说这些小唱名伶都是"都城角者",所谓角者,就是角妓之意,她们都是都城里的名妓。其中以李师师的故事最为脍炙人口,流传有关她的故事,以周邦彦、宋徽宗和她的三角关系较为人所熟知,在此也不妨提一下。

据说周邦彦在京城当太学生时,就与李师师相识,而徽宗皇帝也喜爱这名动公卿的丽人。有一天皇帝私下去看师师,而周邦彦已先在,得知皇帝驾临,仓促间无路走避,只好暂时躲在床下。皇帝带着江南刚进贡的新橘来请师师尝,言行举止自然为邦彦偷听去了。后来邦彦填词一阕,就是有名的《少年游》:

并刀如水,吴盐胜雪,纤手破新橙;锦幄初温,兽烟不断,相对坐调笙。　低声问:向谁行宿?城上已三更,马滑霜浓,不如休去,直是少人行。

这阕词由师师唱出来后,为皇帝所得知,问了师师作词人是邦彦,皇帝很不高兴,就以荒废职守的名义降罪下来,将邦彦驱逐出京城。

隔两天后,皇帝又去看师师,见她不在,问了家人知道是去送周邦彦离城。等到初更天时,才见师师形容憔悴地回来,愁眉不展,眼睫上还带着泪水,皇帝不由得醋劲大发,厉声责问说:

"你到哪里去了?"

师师忙说:"臣妾该死!不知皇上驾临,因为知道邦彦有罪要离开京城,就请他喝杯惜别酒,又送他出城去了。"这话答得合情合理。

皇帝又问:"他这一走,可有填什么词否?"

第五章 饮食与生活

"有阕《兰陵王》。"

"且唱来听听!"皇帝好奇地说。

师师说:"请容臣妾敬奉杯酒,歌唱这阕词,来为皇上祝寿吧!"接着,施展出她小唱的本事,唱道:

柳阴直,烟里丝丝弄碧。隋堤上,曾见几番,拂水飘绵送行色。登临望故国,谁识京华倦容。长亭路、年去岁来,应折柔条过千尺。　闲寻旧踪迹,又酒趁哀弦,灯照离席,梨花榆火催寒食。愁一箭风快,半篙波暖,回头迢递便数驿,望人在天北。　凄恻,恨堆积。渐别浦萦回,津堠岑寂,斜阳冉冉春无极。念月榭携手,露桥闻笛,沉思前事,似梦里、泪暗滴。

皇帝听完,很是高兴。又把周邦彦召了回来,让他在国乐馆做官。

这阕《兰陵王》传开之后,曾流行一时,凡是歌舞娱乐场所,无不争唱这首新歌,当时又称为《渭城三叠》。

不过也有的记载并不如此,且不再说它了。

李师师的声名在当时确是很大。另外还有一名妓叫崔念月,不过师师之名似乎稍高于念月,当时达官显贵几乎都和她们有来往,曾经有人追忆这情景,特别作诗二首:

少年使酒走京华,纵步曾游小小家。看舞霓裳羽衣曲,听歌玉树后庭花。门侵杨柳垂珠箔,窗对樱桃卷碧纱。坐客半惊随逝水,吾人星散落天涯。

> 春风踏月过章华，青鸟双邀阿母家。系马柳低当户叶，迎人桃出隔墙花。鬓深钗暖云侵脸，臂薄衫寒玉照纱。莫作一生惆怅事，邻州不在海西涯。

诗的作者是北宋末年的文学家晁冲之（叔用），他早年在京城宴会的场合里，多召李、崔二妓作陪。十余年后他再来京城，二妓的名声更大，尤其李师师最盛，这两首诗就是那时写的。

李师师的晚年并不好，甚至可说与她早年有天壤之别。当北宋末年兵荒马乱，即将亡国之际，钦宗皇帝下令整肃风气，凡是歌舞伎艺等，属于风月或娱乐场所的名人，都被封查家产禁止营业。李师师因此流落往南方，大概在浙江一带生活，接着北宋也就亡国了。南宋初年时，还有些官员仰慕她的名望，在宴会中仍邀请她表演歌唱，然而她容色憔悴，已不再是往日的风姿了。有一首诗就是描述这种情景的：

> 辇毂繁华事可伤，师师垂老过湖湘。
> 缕衣檀板无颜色，一曲当时动帝王。

一个名伶的晚年是可以想见的，当然这与那时代亡国的悲剧是不可分开的。

除去小唱的几个名伶以外，还有一种"嘌唱"，属于小曲的一种，也系鼓、打拍地唱，这似乎是种被看成不太正派的唱法，类似靡靡之音的随意歌唱，唱的也是些令曲、小词等，可能还带些较风趣的轻佻唱法。它与后面要谈到的"叫果子"是相类似的。当时的几个名角有张七七、王京奴、左小四、安娘、毛团等人，另外有宫廷乐

第五章 饮食与生活

伎团(教坊)的成员,也是京城中享有盛名的,他们是张翠盖、张成、薛子大、薛子小、俏枝儿、杨总惜、周寿、奴称心等人。

演"般杂剧"及"杖头傀儡"的名角是任小三,他在每天五更时就演头回小杂剧,若赶不上时间,也就看不到了,如此说来,应是一睹为快的表演了。"般杂剧"也就是指那时流行的杂剧,这与唐代的"参军戏"差不多,不过在角色与布置方面,较为复杂与进步,内容仍是一样以诙谐性讽刺为主,常常以戏中的话语来讽劝政治、社会等,故而它的含义是相当严肃的。"参军戏"在唐代非常流行,又叫作"弄参军"或"假官戏",渊源自秦、汉的俳优。传说是东晋时石勒的参军周延,贪污腐败,民间就作这戏来讽刺他。后来这戏讽刺的对象多是朝廷官员,往往刺得淋漓痛快,似乎也百无禁忌,有点像现代"对口相声"的表演一样。角色也是两人,一个主角扮作官吏模样的"参军",一个配角扮作百姓模样的"苍鹘",戏词要以诙谐、滑稽为主,但讽刺起来却是锋芒毕露的。大约在唐代中期开始流行,而且还有女演员参加演出。到晚唐时大为盛行,尤其在大城市更是风靡,故而经过五代到宋代,仍然流传下来,而颇受大众欢迎。

为了进一步了解这种杂剧的特性,且举一个唐懿宗咸通年间(860—870年)时的"参军戏"为例子。

名伶李可及最擅长这种杂剧,在皇帝寿诞之时,宫中自有庆贺大会,他也应召演出,身着儒服登场,自称为"三教论衡",因为当时盛行儒、佛、道三教会通,许多儒者、官吏都以这种学问自负,以为博通三教精义。李可及演作扬扬自得,像煞一回事的。他的助手"苍鹘"问道:

"你既说是博通三教,请问如来佛祖是何人?"这问题很直接。

"他是一个女人！"李可及很郑重地回答道。

"女人？"这助手惊异极了，忙追问道，"怎会是个女人？"

"你太没学问了，难道没读过佛教的《金刚经》吗？"

"怎么说？"

"经里说：'敷座而坐'，如果佛祖不是女人，为何要等到夫坐而后坐？"李可及得意地解说着。

这句话自然引起哄堂大笑。接着助手又问道：

"那么太上老君又是什么人呢？"

"也是女人，"李可及相当坚决地答道，"你看《道德经》里曾说：'吾有大患，是吾有身；及吾无身，吾复何患？'假使老子不是女人，怎么会'有身'呢？"

不但观众大笑不止，连皇帝也被逗笑了。然后，助手又接着问：

"那么，被封为文宣王的孔夫子，又是何人？"

"仍然是女人，"李可及很有学问的样子，解说道，"试想想看，《论语》里明明说过：'沽之哉！沽之哉！吾待价者也。'如果他不是女人，干什么要待嫁呢？"

李可及用三个同音假借的方法，把佛、道、儒三尊都调笑了一番，当然也是在讽刺三教论的泛泛之辈。

我们了解这种杂剧以后，对于《梦华录》里记载任小三的演出，要赶在五更天去看，应当可以知道他必是精彩之至的"绝技"了。

宋代的杂剧较为复杂些，是由"参军戏"与其他歌舞杂戏进一步地发展，通常演出时以四人或五人为一场，前面一段叫"艳段"，也叫作"焰段"，就是体制较简短的剧本，内容多是日常生活的一些数据为主。其次才演出"正杂剧"，故事性较强，剧本的体制较完整，演出的时间也较长，性质也是以故事、世务为讽刺或鉴戒的对象。

演员方面,主角是"末泥",也就是后来的"正末"这一主演角色。其次为"引剧"或"引戏",这像乐舞中引舞的角色,引导戏的开始。再其次为"副净",这个角色相当重要,在剧中表演可笑的动作、语言等,大致就是"参军戏"的参军这一角色。再其次为"副末",就相当于"参军戏"中的"苍鹘",他专门烘托或发挥"副净"的效果。

以上四人是宋代杂剧的演员,有时还加上两个演员,一是"装孤",或者只称为"孤",他大约是扮演做官的角色。另一个是"把色",他其实是个乐师,专吹奏曲破"断送"的,所谓"断送",就是在歌舞或杂剧演出后所吹奏的乐曲。

至于孟元老说的"杖头傀儡",以及演"悬丝傀儡"的名艺人张金线,演"药发傀儡"的名艺人李外宁等,这些都是当时的傀儡戏。傀儡戏、影戏与上面说的滑稽杂剧等,都是属于宋代流行的杂耍剧的三种形色。而傀儡戏的内容无非是烟粉、灵怪、铁骑、公案、史书、历代君臣将相故事等,而且都有底本。

傀儡戏就是木偶戏,据说起源很早,大约在秦以前的周代就有这类的记载,到南北朝以后,就已经用来表演故事,宋代特别发达,类别也有几种。"杖头傀儡"大约是以木杖支撑演出的木偶戏。"悬丝傀儡"大约是以丝线提悬演出的。"药发傀儡"可能演出时使用烟火等道具。此外,宋代还有两种傀儡戏,顺便也在此一提:"水傀儡",就是将舞台设在船上,以木偶表演钓鱼、划船、击球、舞蹈等技艺。这种特技确实不简单,在《梦华录》其他地方也有提到,但在讲京城的一些著名技艺时,却没有将之说明。另一种是"肉傀儡",它的本身恐怕已不是用木偶了,而是以小孩子来表演,大人托举着幼童来演出各种技艺或戏剧。

表演杂耍技艺的名角也有几种：有一种是手拿着绳索之类，在身上、手腕上演变出技巧，这行出名的人有张臻妙、温奴哥、真个强、没勃脐、小掉刀等，这些名字中，可能有些只是他的外号或者艺名，不像是真名。

表演踢弄球技的名角，有浑身眼、李宗正、张哥等人，这是属于踢球的特技表演，类似很早就流传下来的"蹴鞠"。但是另有一种"打球"，是骑在马上用杖来打的。这两种运动一种类似足球，一种就像打马球。在这里的踢弄球技，似乎是综合这两种运动而成的特技，又用杖打，又用脚踢，但表演时应以踢为主，除用脚外，还用膝、肩等来顶碰，若是技术纯熟、身手灵巧又眼明脚快，那真是忽左忽右、忽上忽下、斜跳穿蹦，令人眼花缭乱而叹为观止。

舞蹈方面的名角，有张真奴。专讲滑稽、幽默话的名角，有张山人。"讲史"的名角，有孙宽、孙十五、曾无党、高恕、李孝详等人。所谓"讲史"是宋元著名的说唱艺术，又称为"讲史书""说史书""演史"等，它是说唱中说话这一类的。

原来宋代除承袭传奇小说这种发展的倾向外，又接受了唐代讲唱文学的影响，通俗性的小说就活泼起来，成为民间文学的宠儿。平常的老百姓，未必有时间读或者能读懂什么小说，也未必时常有机会去看戏，但讲唱文学却经常接触，而且以散文来讲，带韵文来歌，又讲又唱，生趣有味，很得民众的欢迎。内容平民化、故事性强，似乎带有一种无形的魔力，真正吸引了民间的老幼妇孺。这时流传的小说已不仅是单靠文字来表现，也是靠口说的一种艺术，于是自有一类专以讲述小说为业的"说话人"出现，较大的城镇都邑，就不难发现他们的踪迹了。

"说话人"大体分成四派。其一是"小说",或者称为"银字儿",内容专讲烟粉、灵怪、传奇、公案、朴刀、杆棒、发迹、变态、神仙、妖术等故事,也包括爱情、神怪、战争、侠义、命运等类故事。原则上是一次或一日可以讲完的,也可看作短篇小说。这类作品有不少,例如在《清平山堂话本》《京本通俗小说》《警世通言》《醒世恒言》《喻世明言》《拍案惊奇》《今古奇观》等书中,都收录了不少(参见附录四)。至于"银字儿"的说法另有不同,有人以为它是一种腔调,有人以为它是种管乐器,在说书前先吹奏这乐器来开场,或吸引观众,也有人以为是边说唱、边吹奏,因而得名。在《梦华录》里记载当时的"小说"名家有李慥、杨中立、张十一、徐明、赵世亨、贾九等人,还有专门说神仙鬼怪的孙三。

第二种是"说经",这是沿袭唐代僧徒的"俗讲"而来,就是寺院里用说唱方式讲经,改变了佛经中艰深的文辞,换成通俗易晓的故事,来达成传布佛法的目的,例如有名的"变文"即是。唐代的道教师徒也有采用这种方式来讲道经的。我们所熟知的"目莲救母"就有"目莲变文"。后来到民间,就有与历史故事、传说结合,像"伍子胥变文""王昭君变文"等。还有讲时事儿的,如张义潮对吐蕃作战的故事。后来"说经"走入民间游乐场中,宗教故事有时不受欢迎,于是不得不大量引入非宗教性的故事了,这就成了宋代有名的"诸宫调",后面我们再来介绍它。

第三种就是"讲史",可以说是专讲长篇的历史故事,与"小说"的短篇有所区别。除了前面提到孟元老所说的几个名家以外,他又特别提到说"三分"的霍四究,说"五代史"的尹常卖两位讲史的名家。所谓"三分"就是讲《三国志》的故事,讲说自有讲稿的底本(话本),留下来的有《全相三国志平话》(按:全相,即有图像),五代史的话本有《新编五代史平话》。本来"说话人"的讲稿都叫作"话本",但讲史的却叫作"平话",所以我们看到的有《三国志》的平话、五代史的平话了。

这一类的底本,另外还有《大宋宣和遗事》《全相武王伐纣书》两种,都是长篇的历史小说,后来根据这些底本,又发展出《封神榜》《三国演义》《水浒传》《残唐五代》等小说了。

第四种是"合生",在《梦华录》里说演这种技艺的名家是吴八儿。本来"合生"是渊源于唐代,《新唐书》里记载说,表演的人随手指着什么人或物的名字,就编出一套歌词来,边歌咏、边舞蹈,这号称为"合生"。到宋代也流传下来,有时称为"唱题目",有时掺杂些滑稽、笑谑的一种急智,就叫作"乔合生"。正因为它属于一种机智灵巧的表演,故而它是"说话人"四种中,唯一没有底本的。

有的人以为"说话人"四家中,不列"合生",而列入"商谜"。《梦华录》中这类技艺的名角是毛详、霍伯丑二人。所谓"商谜",就是以猜谜、斗智来娱乐观众的一种游戏,它不仅由表演人互相猜答以娱观众,而且观众也可以参加。在宋代的谜可猜诗谜、字谜、人名等,同时还有音乐伴奏,多半是用鼓板吹奏"贺圣朝"调子。猜谜既然都是隐藏的语句,自然也得有些小学问,头脑也得灵活,想象力必须丰富,博学多闻似乎也大有帮助,而其中时或带有中国人独特的幽默。

"商谜"的规则有几种,有所谓"打谜",就是观众念隐语来说谜,又称为"道谜"。有"正猜",就是观众要求猜题之意。

有"横下",就是表演者准许观众参加猜谜。有"问因",就是出题的演员喝问头句之意。有"调爽",就是假装作很难猜,以提高猜者的智力与兴趣。有"下套",就是举出相类似的来提示猜者。有"走智",就是更改了猜题的部分,来困扰猜者。总之,名堂很多,无非是求其变化多端,以求趣味。

现在以人名为例,举几个宋代猜谜的题目与解答。如取当时达官贵人为谜的,"雪天晴色见虹蜺,千里江山遇帝畿,天子手中朝白玉,秀才不肯着麻衣",这不但是谜题,每一句影射一人,而且还作成诗句,这就是当时的特色。第一句谜底是指韩绛,雪天自是寒冷天气,以音同而指出姓韩(寒),晴色之虹蜺就是"绛"字。第二句是指冯京,"帝畿"是帝王所驻的地区,自是指京城了。接上是千里江山"遇"几字,可以意会出是"逢遇"的"逢"字,以音相同而是"冯"字。第三句为王珪,天子为王,手中所持的白玉就是"珪"字。第四句是曾布,麻衣就是普通平民所穿着的布衣,秀才自不是一般平民,但在没有考上科举的功名前,就曾经是平民,也就是说"曾经是穿布衣的平民","曾经"的"曾",在姓氏就是"曾",字同而音不同了。

又有以宋代当时的名人来做谜题,以猜古代的名人,如"君实新来转一官",君实是宋代名臣司马光的字,转官就是指迁转、迁升了官,于是谜底为司马迁。诸如此类的谜还算不难猜,有的谜可就得费思量了。

《梦华录》里又有记载其他特技表演的,如综合几种技术的艺人杨望京,他真是多才多艺,不但会演杂剧,还会耍刀子,表演小孩子摔跤技术等。另外有种"影戏",也是民间的艺术,当时的名角是董十五、赵七、曹保、朱婆儿、没困驼、风僧哥、俎六姐等人。

"影戏"就是现代的皮影戏、纸影戏等。最初是用纸来雕画人的形貌,后来进步到用皮革作材料,有彩色的装饰、图像,而且面貌与剧中人物配合。如果要扮演忠直的人,面貌就雕画成忠正的样子;相反地,若是个奸邪人物,就要雕画成小丑的样子。在戏剧里的木偶人像、京剧脸谱等也都同样讲究这些。演戏时的话本与"讲史"的相似,或者掺杂些旁的,真假相半,可相同或有差异。

孟元老又说有演"乔影戏"出名的丁仪、瘦吉两人。这"乔影戏"就是滑稽的影戏,有"乔"字,大多是参有诙谐、滑稽的戏。

还有一种"诸宫调",是戏剧中很有地位的一种,当时的名艺人是孔三传、耍秀才二人。"诸宫调"是说唱艺术的一种,与唐代的"变文"有渊源关系,它配合了宋代流行的歌舞剧形式,如"大曲""曲破""转踏"等技艺,而形成几种不同的说唱艺术。"转踏"就是"传踏",演出时分为若干节,每节是一首诗或一阕词,唱时要伴着舞蹈,一节就是一件事,也有合几节来表演一件事的。在演前有用骈体文作的词句为开场,在结束时又有七言绝句的诗作收尾。

唐代"变文"到宋代有多种发展,而"诸宫调"是很具有代表性的一种,它不但篇幅扩大,而且结构精密,内容曲折多变化,歌唱也变化较多,音乐性更浓厚,声律也更为严整。它在文学上是个杰作,有很好的作品与成就。在宋、元时代的民间,它有较大的影响力。那时有专门的剧团到处去演唱,而且表演不止一两天,也许要连续到半个月,以至于两三个月之久,民众却乐此不疲,可见它受欢迎的程度。

在文学上而言,它的散文部分是最流畅、最漂亮的口语,和唐代"变文"的骈偶夹杂大不相同。韵文部分吸取了新的流行曲

第五章 饮食与生活

调,大胆地取用任何数据与新声。它取用同一宫调的若干曲调成为一组,有开头的引子,结束的尾声,这样构成了一个"短套",不同的宫调如此形成许多的"短套",再联合成一整个的长篇故事,中间杂以说话,多半用琵琶等乐器来伴奏。

"诸宫调"的发生,是起于北宋神宗皇帝时期,创始人就是孟元老所说的孔三传。这个表演似乎非常轰动,风靡了京城,连士大夫们也都能讲唱一番。剧本方面,名目虽然至少有十几种,但今天可看到的有金代作的《刘知远》、董解元的《西厢记》、元代王伯成作的《天宝遗事》等。相信《西厢记》的故事,应该是大家都很熟悉的。

孟元老谈到几个"散乐"的名家,他们是王颜喜、盖中宝、刘名广三人。这"散乐"就是指民间艺人自己演奏的音乐,不像是在官方乐团学习来的技艺,可以看作一种民间的杂乐,大概是民间有音乐细胞的人,东学西学、加上自己的天才而能成音乐的这类。

有一种叫作"杂哑"的戏剧,孟元老也提到,他举出的名角不少,有刘乔、河北子、帛遂、吴牛儿、达眼五、重明乔、骆驼儿、李敦等人。这"杂哑"就是"杂扮""纽元子""拔和",大体上是杂剧中的一段;表演较为粗俗,多演北方村里的民家故事,而内容可能没有什么意思,取一段村夫村妇打骂、胡闹的歌唱、跳舞来逗趣。

以"叫果子"出名的文八娘,她也被孟元老提到。"叫果子"就是"叫声",简单讲就是模仿市面上各种叫卖的声音。市面上卖各种东西都得喊喊叫叫,各有不同的声调与叫法,有人把这种叫声加入些词章等,就创造出一种讲唱技艺来了。

有一项相当奇特的技艺叫作"弄虫蚁",孟元老说当时的名家是刘百禽,看他的名字就知道和"虫蚁"之类的东西有关。这是一种以训练小动物来表演的项目,好像耍猴戏之类。有的训练得法,例如"乌龟叠塔",把七只乌龟放在桌上,用敲鼓来指挥,第一响鼓声时,最大的一只龟就自行爬到桌子中心去伏着不动,敲第二下鼓时,第二大的龟就爬到第一只龟的背上伏着,如此,七只龟都叠伏起来,然后伸腿挺身,同时还把尾巴竖起来,看上去就像座小塔一般。

"虾蟆说法"也是"弄虫蚁"常见的表演,由九只虾蟆来完成。先放一个小的木墩,最大的一只虾蟆就跳到上面去坐着,其余八只分成两列,左右对坐着,大虾蟆叫一声,其余的也都回应一声。如此,叫几声就回几声,然后八只小虾蟆一一到大的面前去,点点头、叫一声,还作出拱手礼的样子,然后退开来。

还有一种"弄虫蚁"的,可能不是种动物训练,而是利用药物,或者什么变术之类的。例如以黄、黑两种颜色的泥鳅来表演:先用药涂在一把锋利无比的小刀上,以刀把两条泥鳅横腰切断,然后交换接上,就是黄色的尾部接在黑色的身上,黑尾则接黄身,变成全身两截颜色,但仍在水中浮游依旧。后来这两条鱼被人买去饲养,经过半个月后才死去。像这种表演,真是不可思议。

孟元老把都城较著名的民间技艺都一一举出来了,我们把它再多做些说明后,应该可以了解这些在文学艺术上,不仅接承宋代以前的传统,又经过演变与创新,形成更丰富、更平民化的新面貌,对于后来金、元、明的文艺有着很大的影响。尤其在戏曲、小说等方面,开展出一种新风格来,甚至某些地方成为后代的直接承续。

此外,这些技艺的娱乐性极高,提供给京都居民休闲活动的好去处,故而那时人们的生活,应该是多彩多姿,也极有情趣的。他们不分风雨寒暑,各个戏棚剧场,天天几乎客满,真是盛况!

第五章　饮食与生活

至于官方的乐团方面，也有时开放给人们参观，例如"教坊""钧容直"两单位，每遇到十日一次的休假，都表演一番，供给首都居民来欣赏。所谓"钧容直"，就是军乐队，宋初称为"引龙直"，凡遇到帝王出巡、游行等，就要有军乐队奏乐。它的人数大约有二百三十二人，除各种乐器的演奏者外，还有演杂剧的小剧团在内，歌唱方面的人才也有，可知这个"钧容直"的编制算是相当庞大的。它的音乐水平方面，虽然不能确实知道，但"教坊"的人似乎不以为这军乐队有什么好的水平，大概整齐、严肃是最大的特色。

"教坊"通常在宫廷宴会的前一个月时，就要集合坊里的子弟们，开始加紧练习、排演等。这是官方的乐团，自然是为官方服务的。

最后，我们且把这些民间技艺综合地列出它的项目来：说书、小唱、嘌唱、杂剧、傀儡戏、杂耍特技、球技、讲史、小说、散乐、舞蹈、影戏、弄虫蚁、诸宫调、商谜、合生、说诨话、杂啦、叫果子等。

五、民性与习俗

关于京都市民日常生活的起居、社会一般风气等，孟元老写了一篇《民俗》做了交代。他只从一些小地方，零碎地做提要式的说明，无非是他所见到的一般景况。现在我们来看看他这篇《民俗》中所说的情形：

一般卖各种饮食的人，他们相当谨慎，装食物的各种盘、碗等器皿，都非常洁净，用来运载的工具如车、檐等，也很灵巧可爱，吃食的东西做得也很认真,不会马虎做了充数。卖药的、算命的郎中,也都衣冠整齐,绝不像江湖术士的混混之流。至于当乞丐的,也有他们的行规,如有偷懒松懈的,照样不能见容于团体之中。

士、农、工、商,各行各业,服装都适合他们的身份,不敢过分。例如在香铺里裹香的工匠,就按照他们的行规,需要戴着带子垂在背后的帽子。在仓库里做事的人,就不能戴这种帽子,而穿着黑色的衣服与角带。像这样子各遵照身份、职业来穿着,在街市上就很容易分别出是何等人了。

在京都的居民,风俗人情算是相当厚重的,如果有外地来的人受到欺侮时,居民都会援助保护。有时碰到军警官方处理公事,发生争斗的场面,有的居民好像本着抗强扶弱的态度挺身劝阻。像官方取缔小贩之类的,这些"扶助弱小"的居民似乎不太忌惮。

如果有新迁居来的外地人,不会因人地生疏而不知如何来买卖营生。因为邻居会表现出他们的热忱,自动地会借些器具、车担之类,另外送些茶、汤等,表示欢迎,并且还指引如何去做买卖营生等,这种人情味不可说不厚了!本来京都对欢迎新邻居就有一种叫"暖屋"的欢迎式,就是拿些酒、茶等过来,而且特别还用金制的器皿端着,显得情意很盛。其实平常邻里间就常有联络,通过一种"提茶瓶"人来做中间的桥梁,这种人也叫作"趁赴充茶酒人",他们用瓶子装些茶、酒,在街巷里走着叫卖,都有固定的地盘。日久了,自然对街坊邻里相当熟悉,因此有些人就经常叫他们传达话,或者有什么人情世故,街坊邻里商谈意见,都要他传话,转达消息等。譬如说某家有什么事,邻居们要商量送礼,如何分摊等,往往就由这种提茶瓶人顺便带话,他就成为沟通意见的人,在卖茶、酒之余的闲聊,也就了解邻里们的动态,同时也达成了传话的任务。

第五章 饮食与生活

所以碰到什么吉、凶之事,邻里街坊也都能赶到来庆贺或致哀了。

像有些正店酒楼多是资本雄厚的人家,一般小吃店所用的酒,几乎全是向正店买回去再卖给客人的,若是买过两三次酒,有时借个钱周转也不困难,甚至借个三五百两银子都行,这当然是种浓厚的人情味。总觉得小店做生意,不免会有困难之时,虽没有深交厚谊,但也有三两回情分。至于较贫穷的人家来买点酒,照样用银器盛酒来卖,并不因为看人贫穷,或者零星地打点酒,而有瞧不起的势利态度。酒店的正式规矩都是用银质器具,表示一视同仁之外,自然也显露出阔略大量的作风。

京都面积宽广,城里人口繁多,其实再增加个十几万人口,也不会觉得拥挤;同样地,若减少个十余万人口,也不会觉得稀疏,这都是京都的气势,多寡均宜,自有个京城摆在那儿。至于城里的繁华、富庶,通常都用"花阵酒池、香山药海"来比喻,形容遍地的花木,好像摆列的阵势一般,而芬芳的美酒,是满池满池地在那儿供人品饮,生活是享受又近乎奢侈。成山似的香料,成海似地药材,更点缀出京都物资的丰富来。此外,城中别有天地,都散处在幽坊小巷里,也在歌楼酒馆里,这种地方哪怕没有成千上万之数,也是举之不尽的啊!

娶媳妇是人生的一大事儿,那时在京都也有遵循的习惯,自然是属于民俗中的要项,所以很值得我们注意。孟元老也为此写了一篇专文报道。

娶媳妇最先的手续是起"草帖子"。所谓"草帖子"可以说是男、女双方谈论亲事的帖子,就是为提亲事起的草稿,简列了双方的家世在上面,它的形式大致如下面两种样子:

其一：男家草帖式

> 某某州某县某官宅或寄居
> 　一三代
> 　　曾祖　某　某官
> 　　　祖　某　某官
> 　　　父　某　某官
> 　一本宅几宣教某年某月生
> 　一母姓氏（有封号则具）
> 右见议亲次
> 　　　　　　　　月　日　草帖

其二：女家草帖式

> 某某州某县某官
> 　一三代
> 　　曾祖　某　某官
> 　　　祖　某　某官
> 　　　父　某　某官
> 　一本宅某位某小娘子某年某月生
> 　一母姓氏
> 　一奁田若干
> 　一奁具若干
> 右见议亲次
> 　　　　　　　　月　日　草帖

第五章 饮食与生活

男女双方允许提亲事后,提着就起"细帖子",就是比"草帖子"要进一步详细的家世,算是正式的定帖了。它的样式也有下面两式:

其一：男方定帖

```
具位姓　某
　右某伏承
　亲家某人谨以第几院小娘与某男议亲,言念蠋
豆笾之荐聿,修宗事之严,躬井臼之劳,尚赖素风
之旧既
　念龟而叶吉将奠雁以告虔敬
　致微诚愿闻
　嘉命伏唯　　　合台慈特赐
鉴察
　　　　　　　年　月　日具位姓某　定帖
```

其二：女方定帖

```
具位姓　某
　右某伏承
　亲家某人以第几令似与某女
缔亲言念立冰既兆适谐凤吉
之占种玉未成先拜
鱼笺之笼虽若太简不替初心
自愧家贫莫办帐幄之具敢祈
终惠少加
筐筐之资谅唯
台慈特赐
鉴察
　　　　　年　月　日具位姓某　定帖
```

接着要送酒去女家，酒瓶外有绳结成粗大的网状，扎上大花八朵，以及罗、绢等丝质布条，或者用银币八枚，又要用红花结在酒檐上，称为"缴檐红"。酒送到女家后，女家以淡水二瓶，活鱼三五条，筷子一双，全部装在原来的酒瓶内送回去，这称为"回鱼筯"。

有的人娶妇要遵照古时的六礼，就是议婚、纳币、问名、纳币、请期、亲迎。在宋代时称纳币为求亲，问名为系臂，纳币为定聘，请期为催妆，至于亲迎就是婚礼大成了。有的人要相亲，那时是男家的亲人或婆婆到女家去看，若是看中了，就用支钗子插在束头发的冠子中，这称为"插钗子"；如果看了不中意，就留一两端有色彩的缎子，算是给女方"压惊"之意，当然这门亲事也就表示告吹了！

当时做媒的媒人还分成几种等级，上等的戴着"盖头"。这"盖头"据说来源于戎夷，唐代时相当盛行，宫廷中人最先使用，叫作"幂䍦"，后来王公贵族也采用。到唐代中期以后渐渐盛行帏帽，时或戴着皂罗，就是一层黑色的薄纱，有五尺平方，也自称为"蹼头"的，宋代时通称为"盖头"。至于身上穿的是"紫背子"，背子就像长背心一样，在南方称为"绰子"，通常是读书人喜欢穿着的服装，它可长到脚。在古代这种背子类似"中禅"，还是种正式的服装。它与"两当"的背心极像，不过背子又有时称披风，成有袖子的风衣了。这种打扮的媒人，一眼即可看出是属上等的，专门为官家说亲，或者宫廷、贵族等的亲事，其中自然包括纳妾在内的。至于中等的媒人，戴头冠，黄布包发，穿背子，或者只穿裙子，手中拿把青凉伞儿。她们多半是两人同行，一起说媒。

若是下定以后，天天就等着媒人上门传话。遇到有什么节日时，男方要准备些应时节的礼品，以及羊、酒之类给送女方。至于礼物

第五章 饮食与生活

的厚薄、多寡,是要看男方家道来定,女方这时就选些手工艺品之类的作为回礼。

接着要下"财礼",大约就是聘礼了;然后就可说定结亲的大日子。在前一天,或者当天上午,要先送些化妆品、凤冠、霞帔之类结婚礼服给女方,女方回送的也是衣、帽之类的穿戴物。

在婚前一天,女方亲人先要到男家去挂帐子、铺设床被等,这叫作"铺房"。在宋代一般新房的陈设,男方是准备床、席、桌、椅之类,女方准备被、褥、帐、衾之类,铺床摆设出来的也就是这些要应用的寝具等。至于一般衣服、鞋袜等零碎小对象,都锁好在箱柜之中,不必摆设在外面的;有的人家喜欢陈列出来,是为了表示陪嫁对象的丰富,其实是不需要的。女方的亲人还可得到一些茶、酒招待以及红包等。

到娶亲那天,男方以车子或者花轿(花檐子)去到女家,一路上吹吹打打,喜气洋洋。女家自有迎客与招待,并且给来迎亲的彩段布,以表示欢迎和贺喜。门外迎亲的乐队不停地吹奏着,好像催着新娘子快穿着好衣装,准备过门了。新娘子好不容易上了车或檐,然而抬轿子的轿夫却像不愿动身似的,原来照习惯是要讨个红包,这叫作"起檐子"。拿了红包,檐子也就起身了。

迎亲花车到男家后,又有"栏门"的习俗,就是亲友邻居以及帮忙的人手们,拥塞在路门口讨取红包。这习俗在唐代时就有,那时称为"障车",后来政府下令禁止,认为是种陋习。宋代的京都市民,似乎仍旧流行这种风俗。娶个媳妇,看来是要花不少红包的,真正好事多磨。但这才开始,后面的习俗还有不少。

新娘子下车后,就有个作法的法师之类叫作"阴阳人",大概是与巫师、乩童类似,手中拿着斗,斗里装着谷米、豆子、钱、

· 125 ·

果、草节等物，口中念念有词，随手把这斗中之物往门撒去，看热闹的小孩子们也就争先恐后地去抢拾，这叫作"撒谷豆"。原来民间相信起源于汉代时的传说，认为有三煞在门，新人不得入门。三煞是指青羊、乌鸡、青牛三神，如果冒犯三煞神，会克损这家人的长辈，同时将来自己也没有后代；但是若用谷豆、草等物，三煞神就会避开，新人就可以入门了。于是民间大凡嫁娶之时，新妇下车就撒谷豆，而把放在门限内的草捆踢开，就可进门。

新娘子下车檐后，脚不得踏在土地上，自有准备好的青布条或毡席供她行走，这也是唐代的习俗，如名诗人白居易写的春深娶妇家诗中有"青衣转毡褥，锦绣一条斜"的句子，好像走过地毯一样。有一个人捧着镜子在前面倒行，引着新娘入门，但得经过几个动作：要跨过鞍、草、秤三样东西。这些习俗有些是承袭古代胡人的作风而来，如跨马鞍，大约是北朝胡人的婚俗，新娘坐在新郎的马鞍之侧，后来唐代也流行，到宋代就跨过马鞍来象征这意思；有的是民间的迷信，如跨越草，就是前面说的避三煞神之意。

进门后到新房内，房中挂着帐子，新娘坐在那儿等着，叫作"坐虚帐"。有的人家是直接进入房中，坐在床上，叫作"坐富贵"。到此，新娘算是经过前半段的"折腾"了。

送新娘的客人，要尽快地喝个三杯酒就得退走了，以免耽搁时间，这叫作"走送"。然后所有的客人都入席，三杯酒后，新郎盛装而出，穿着结婚礼服，戴着满头花球装饰的帽子。在正厅大堂中设置一张椅子于榻上，新郎坐在其上，这叫作"高坐"。接着媒人先敬他一杯酒，请他下座；然后姨或妗再来敬酒一杯，也请他下座；最后是丈母娘亲自敬酒，他才被请下座来。看来这新郎还真不易请下高座来呢！

第五章 饮食与生活

接着是新郎、新娘举行婚礼了。新房的门额上有彩布一段，下端碎裂成小片，横挂在门上，当新郎入房后，来客们纷纷去争抢彩布的碎片，这叫作"利市缴门红"，为的是讨个吉利、沾点喜气。新郎入房去床前请新娘子出来，有两条彩布中间结成一个同心大结，这个就是"牵巾"，男、女各执一端，新郎那端挂在手拿的笏上，新娘那端就搭在手上，两人相对着，新郎倒着牵引新娘走出来。

一对新人先到祖宗牌位（家庙）前参拜，然后新娘被扶着倒行入房。这时宾客们争着跟进房中，参观新人的对拜，拜完后都坐到床沿，新郎面向右坐，新娘面向左坐。女客们纷纷把金钱、彩纸、果子等散掷到床上，这叫作"撒帐"。本来古代新婿是坐在西方的位置，面向着东，新妇是坐在东方，面向着西；从正北的位置来看，是婿在右手，因为古人是以右为尊，而到宋代习俗是以左手方为尊贵，所以就成为男左女右了。

"撒帐"后，接着要"合髻"；就是两家准备好梳系头发用的钗子、木梳、头须之类的，在新郎、新娘的小部分头发上意思一下。然后用彩带结连的两杯酒，一对新人互相敬酒而饮，就是所谓"交杯酒"了。喝完"交杯酒"，把杯子与花冠投掷到床下，如果杯子是一仰一合，那就是大吉大利之兆，客人们也就高声道贺吉祥。最后的婚礼节目终于完成。房中的客人们也都到大厅去，新郎被拥到外面去答谢亲友，然后再开始喝喜酒。

新婚的第二天五更，先用一桌子，上面摆着镜台、镜子等，新娘往上展拜，称为"新妇拜堂"。接着依次拜候男家的尊长、亲戚们，同时献上准备好的彩段、精致的鞋、枕等手艺品，这叫作"赏贺"，尊长们也准备有布匹之类的回赠礼品，称为"答贺"。

新郎也要到岳家去拜礼，称为"拜门"。一些家庭较富有的，早准备好礼品,都在第二天就去"拜门",这种情形叫作"复面拜门"。有的家庭还得准备个三七天,其实也都一样。至于赏贺的礼品也有遵循的规矩。女婿到岳家还有酒席招待,回去时另备了礼品以及乐队,一路吹奏着返家。

通常在新婚一个月内还有些礼数,例如"暖女",就是婚后三天,女家送些食物、礼品到男家,多半是送彩段、油蜜蒸饼等,这种食物叫作"蜜和油蒸饼"。七天后,新妇返娘家,然后带回许多彩段、衣物、装饰品等,这叫作"洗头"。到新婚一个月时,大开宴席请客,这叫作"满月"。大概"满月"以后,男、女双方的礼数就不怎么讲究了。

结婚固是人生大事,婚后生子也是大事一桩,因此孟元老在叙述了娶妇后,接着就说到育子。

大凡孕妇入月后的初一那天,父母家要用银盆或铗盆或者彩画的盆子,盆子装着粟的杆子一束,上面用锦绣或丝帕覆盖着,然后插上花朵以及通草,并准备一份帖子,上面画印有五男二女的花样,用盘子将这些东西摆在一起,加上一些馒头,送到男家去,这叫作"分痛"。然后还要做些像在睡觉的羊(眠羊)、卧着的鹿(卧鹿)、出生的小羊儿等,大约是用面粉做成的,或者有时用纸剪画而成,再带些果实等物,以及婴儿的衣物、绷带等东西,也一并送到男家去,这叫作"催生"。

等到分娩后,邻人亲友们都送来粟、米、炭、醋等作为贺礼。三天后,婴儿脐带脱后,到第七天就称为"一腊"。满月是个大日子,那天宴席大会叫作"洗儿会",家中准备了丝、绸、锦绣、钱等,富贵人家更是用金、银、犀、玉等珍贵宝物布置起来,当然少不了各种的果子之类。亲友宾客纷纷到来,先在盆子中放了煎熬好

第五章 饮食与生活

的香汤，再加入些果子、花彩、钱、葱、蒜等，盆外用几丈长的彩带围绕着，这叫作"围盆"。再来就是"搅盆"，即用钗子在盆中搅着水，这时在旁边围观的人们，纷纷把钱撒到盆子之中，又叫作"添盆"。水在搅着，东西也在盆中浮沉着，如果发现有枣子直立起来，妇女们就立刻争先抢去吃掉。她们都相信如果吃了这种枣子，将来自己就会生个儿子，好像早（枣）生贵子的意思。

婴儿在盆中洗完澡后，就开始落胎发，同时对来客一一致谢，然后抱着婴儿到另一个房间去，这叫作"移窠"。

生孩子满百天的宴会叫"百晬"。到第二年的生日就叫"周晬"，也就是我们俗称的"周岁"生日。那天有个"试晬"的大节目，家中有亲友们参加，先把许多盘子摆好，上面分别盛装些水果、食品、笔墨、算秤、书籍、针线、政府文书等，大体上各类物品都有一些，也象征着某些意义。例如算秤就表示经商，书籍表示学业，等等。然后要小孩子自己去拿取，看他拿到什么，似乎就预示着这孩子将来的兴趣，以及前途发展的方向。这种习俗据说是江南地方盛行的，后来也传到北方。有时称为"试儿"，就是试试这孩子的将来；有时称为"抓周"，就是周岁时，看这孩子抓到什么作为他的前程。至于盘中所放置的东西倒并不一定，有时放些银钱、珍宝、弓箭等。总之是种趣味性的节目，古代相当盛行。

第六章 官方的节庆和仪卫

第六章　官方的节庆和仪卫

一、仪卫及皇室出行

《梦华录》中有几篇是关于皇室人物出宫廷的记载，谈到皇帝的地方很多，但都与庆典节仪有关，留在后面逐一叙述。其他的是皇太子、公主、皇后三人的事情。

皇太子这一项写得非常少，只说到结婚纳太子妃的几句话。皇太子纳妃，自有规定的仪队、卫士、乐队等，太子妃要乘坐"厌翟车"，这是官方家属；由皇帝所封赐的"命妇"中，乘坐最高一级的车子。宋代初年是沿用唐代的制度，照唐制的车子分为六等：重翟、厌翟、翟车、安车、四望车、金根车，以身份地位来决定所乘坐的车子，丝毫不得随便。

在宋初没有用重翟车，最高级是厌翟车，专供皇后使用。直到徽宗皇帝时才重新建立如同唐代的车制。厌翟车在孟元老所说，是车上设有紫色的团盖，四柱都有帐幕遮挡，同时四边垂下宽大的带子，车子由四匹马来驾驶。但照史书上的记载要豪华多了，车体以红色系统为主，车箱上有翟羽的装饰外，红色、紫色的各种丝帛是构成这车的主要装饰，横辕上还有香柜，设有香炉、香匦、香宝等，都有龙螭之类的装饰。驾车的马也是赤红色的，马脸上装有铜质面罩，头上插翟羽，胸前有彩带结与胸铃，装扮得异常漂亮。

其次是公主出嫁，自然也有仪仗队，亲王的公主们也是一样。其中有一种叫"水路"，由专门管理街道的士兵数十人，手中拿着扫地的器具与镀着金、银的水桶，在队伍之前洒扫一番。负责抬轿、

· 133 ·

担的也是军人,他们是殿前司辖下的天武军,身穿紫色衫,头戴卷脚幞头。

还有在前导路的一批宫女,这几十个骑马的宫女,打扮得很华丽,头上有罗纱的头巾,头钗都是珍珠装饰,外袍衫是红色罗纱镶有金边。她们的马上还张有青色的小伞。这一队女仪队叫作"短镫"。

再就是乘坐的檐子了,也就是轿子的形式。相类似的名称很多,有时也不易分清楚它们之间的差别,"肩舆""棕檐子"较为常见。在檐子的前后都有红色罗纱,镶着金边的扇子遮着,抬檐子的骨架是金铜色,而檐子本身的梁架都是朱红色,顶端以棕叶覆盖,檐身是以金铜色的金属片为装饰,铸成云、凤、花朵等图像。

檐子本身高有五尺多,长八尺,宽四尺多,可以容纳六个人乘坐于其中。四周垂有珠帘,都有彩绣在上面,窗间用白藤编饰。在檐身之外,还有栏杆,都雕镂了金色的花朵,以及木刻的神仙人物等。抬檐子的有两队,共十二个人。在抬竿的前后还有绿丝条的金鱼钩子,用来钩牢檐子。

可惜的是,孟元老没有把太子娶亲、公主出嫁的礼仪与习惯记下来,大概他只看到了喜事的仪卫队,尤其是公主出嫁的行列,看得较为清楚。现在不妨把史书上记载公主出嫁的礼仪,大略地做一介绍,以便参考。

被选为公主丈夫的,就受拜为驸马都尉,赐给玉带、衣物、银质的马鞍、彩色的罗布百匹,这叫作"系亲",自然还有其他赏赐,如金、银、房宅等。

传统的六礼大体上是奉行如仪,但并不彻底实行,即如平民的婚礼,大多数都已经省略了,把"问名"并于"纳采"之中,把"请

第六章　官方的节庆和仪卫

期"并于"纳成"之中，甚至于还把"纳吉"一项给删掉，实际上实行的只有三礼了，那就是只有"纳采""纳成""亲迎"三项。

公主的情形更特别，她名分、爵位已定，哪里需要"问名"？而驸马是朝廷选出来的，也不需要"纳采"，其余的也都是由官方依规定来安排，所以到头来只是存有名目而无实质，表示婚姻是重要的大事，还得有这些礼的名堂。

大概在北宋中期以前，因为公主是皇帝的女儿，名位特殊，出嫁后都避免行舅姑参见的礼。但神宗皇帝认为应端厉风俗，要"正名"之故，应当由皇室做模范，规定以后的舅姑之礼要实行，不可因公主之尊贵而避免，这是注重伦理道德的考虑，也有其道理的。

徽宗皇帝时期，也正是孟元老生活的时代，那时公主出嫁的礼仪是有记录的。婿家要在婚前行五礼，然后由太史局来选定"亲迎"的日期，并且还要选择"告庙"的日期，也就是公主要出嫁，必须拜别家族宗庙。在婚前一日，有关单位在皇城东门之外，要先打量块好地方，面向西来排好驸马的席次。

迎亲那天，驸马到东华门下马，由礼官引进席次，这时帝姬（徽宗皇帝改称公主为帝姬）的仪卫、车乘都已备妥，行礼完毕（雁礼，雁是顺乎阳的鸟，阳性代表男夫之意，也就是妻从夫的意思），帝姬登上厌翟车，就随驸马出宫去了。

在驸马家中，除去夫妻的礼仪外，重要的就是帝姬拜见舅姑的礼。

皇太后与皇后外出乘坐的叫"舆"，比檐子略为大些，花纹图饰全以龙为主，前后檐都有剪棕，仪仗方面如同出宫一样，但人马较少些，没有开道的驾头与警跸这些仪卫队。

普通民家与显贵之家的婚嫁，也都是使用檐子，只是没有檐子脊梁上的铜凤花朵。至于人手、仪队等，可从开封府的左、右两厢车中去雇人，甚至随从仆人等的衣、帽以及所需对象等，都可以租到，不需要去伤脑筋来借措。

另外有种通行的车子，不论是一般百姓女儿也好，命妇或宫廷妇女也好，都同样可以使用，这种车子样式如檐子，也可以容纳六个人左右，前后有勾栏，车底轴部贯有两个红色轮子，车前长辕伸出约七八尺。这种车子只要一头牛就可驾走，在市面上全部可以租到的。

二、元月的节庆

元旦这天，是朝廷正旦大朝会的盛典，皇帝亲自驾临大庆殿。殿角有四个"镇殿将军"，他们身着甲胄，带着武器，威武异常。殿前的广场设有各种仪队，文武百官们都穿戴着正式的朝服，全国各地来的举人们，也穿着士人的衣服参加典礼，他们的衣着是滚青边的白色长袍，头上戴着二量（梁）冠。宋代官员上朝的正式衣服，按官阶地位等而有不同，头戴的冠也分成几种。一是进贤冠，为一般文官的朝服冠。二是貂蝉冠，为三公、亲王大朝会之冠。三是獬豸冠，为御史之冠。进贤冠又分成七等，冠帽是以漆布做成，额头部分有用纸剪缕成的花饰，花涂以金色，枝节涂银铜色，冠后有纳言，看梁数来定等级，梁是用罗纱结成缨，第一等的冠为七梁，同时加上貂蝉笼巾，貂鼠尾立笔，第二等也是七梁，但没有其他附加

第六章 官方的节庆和仪卫

物,第三等六梁,第四等五梁,第五等四梁,第六等三梁,第七等二梁。

地方前来的官吏,都带着当地的礼品贡物,呈献给皇帝。外国来的使节也到达了,辽国的大使头戴金冠,后檐尖长,好像大莲花的叶子,身上穿着紫色的窄袍,鞋子也是金色的。随他一起来的还有个副大使,穿着与汉式的衣服相同,腰间围着一条金色的带子。大使晋见皇帝的跪拜礼和中原不同,他是跪右脚,左脚立着,也就是单膝跪拜,两手搭着右肩,算是一拜了,副大使的跪拜礼就如同中国汉式。

西夏国的大使与副使都戴着金冠,衣服看起来有点短小的样子,穿红色的窄袍,金色的鞋子,他们的拜见礼是叉手在胸前展拜。

高丽、南番、交州各地的使臣,拜见之礼如同中国制度。

回纥来的使臣,都是高耸的鼻子,留着长胡须,用布帛缠头,穿的衣服是散披在外,而不严整的。

在西域的于阗国,那里来的使臣,头戴着毛呢制成的毡笠,上面有金色小米作为点缀,穿着金丝的战袍,束着腰带。使臣还带着妻子儿女一道前来,骑着骆驼,携家带眷地应该没有问题。

从三佛齐地方前来的使臣,看起来都瘦瘦的,也缠头布,穿红色的衣服,衣上织有佛像图案。

有从南蛮国来的五姓番,他们头上都梳成发髻,戴着黑色的毡帽,行礼好像僧人一样,行双手合十之礼,不过他们一来到后,就送给了他们中国式的衣服穿着。

其他如真腊、大理、大食等国的使臣,有时是会来中国朝贡的。

至于接待这些外国来的使臣,都有特定的使馆。辽国来的使臣在都亭驿,也就是陈桥驿,那儿设有班荆馆,专门招待他们,夏国的使臣也在这个都亭驿,不过他们在西面的驿站,有特设的宾馆来招待。

高丽的使臣在梁门之外,往西北有个安州巷,那儿建有同文馆,是专门招待他们的。

西域来的回纥、于阗两个使臣,在礼宾院接受招待。

其余各蕃国的使臣,不是被安顿在宜秋门外的瞻云馆,就是在怀远驿。

辽国与高丽的使臣似乎较受重视,往往就在他们所住的招待所里,摆开皇帝所赏赐的宴会,通常皇帝赐宴是在宫廷里,各国使臣们要进城入宫来接受招待。直接赐宴在住所,可免得奔走之累。

元旦之日,辽国使臣朝见完毕。第二天,往大相国寺去烧香。第三天到宫廷的南花园表演射箭。这是友谊性的表演,这时,朝廷必须要选一个善射的武官,来陪伴辽国的使臣;虽说是陪射,但两国之间暗中也有比赛之意,谁也不愿表现不如人。

殿前军中本来就有由善于射箭的官兵们组成的"招箭班",他们先表演一番,不过用的是弩,不是弓箭。辽国人射箭,先由一个穿着锦袄子,头上裹着无脚小幞头的人,撑开弩子,旋身搭箭,姿势看来颇为熟练、潇洒。他把装好箭的弩子,拿过去给使臣检查看看,看得差不多端正不偏了,就可以发射出箭。

按照当时的规定,凡是陪伴辽国人射箭,用弓箭射中目标,就会受到不少的赏赐,包括有银鞍马、金、银器物、衣服等。伴射得胜了,走出市街时,在都城的居民们都会争先恐后地去欢呼、围观,若是青少年们,就更起劲了,拦在路上,大喊口号不已。

第二天,使臣们上朝廷辞行,准备动身回国去了,当朝会散了的时候,宫廷前的灯山上,已经结满了各种彩球、彩带,表示欢

第六章 官方的节庆和仪卫

送之意。

在孟元老所记载的正旦日,重点是在于各国的使节,尤其对辽国着墨特多,不只因辽国始终是宋朝的最大强敌,而且辽国本身在亚洲地区也确是最强盛之大国。对于那天朝廷大会的情形,记载就嫌过于简陋了。

正旦日时,大庆门是张开的,旗帜飘扬,加上严整的仪卫,望去一片旗海,而盔甲鲜明,极为壮观,仅是由兵部派来的黄麾仗队,就达五千人之多。那一带的各门、各街道,都塞满了参加典礼的仪卫队伍。不但如此,还有各种不同的车队、其他乘坐的交通工具等,装饰的彩带、遮扇、伞盖等,依次排列,几乎没有一丝空地。

除去陈列各地来的贡物,穿正式朝服的文武百官之外,还有一些节目要进行。由中书省的副首长——中书侍郎,押着方镇表案出来,这是全国各地方镇守的情形,表示全国安定,都在皇帝的安抚之下,这表案要由正首长——中书令来宣读。接着门下省的给事中,押着祥瑞表案出来,这是表示各地方的祥瑞事迹,由门下省的首长——门下侍中来宣读。

户部尚书要报告全国各地所上贡的物品,礼部尚书要报告外国各地的贡品。太史之官要报告天文历法的吉祥征候,光禄卿要代表文武百官,请求为皇帝祝寿。

然后就是请王公们升到殿上,这是因为他们身份地位较高之故。文武百官也安排好了座位,酒过三巡之后,就开始接见百官,依照官阶和地位先后的秩序。

正月十四日,皇帝要亲临五岳观、迎祥池,那儿有朝廷的大宴会,当然也是皇帝赏赐给满朝文武官员的。宴会一直到晚上,皇帝才回宫廷。

随皇帝出行的禁卫队叫"围子",就是"禁围"的意思。禁卫中的亲从官,都戴着有毛球在顶上的大帽子,帽上还有簪花,穿的是红色锦团以及绣着狮子游戏的衣衫,腰围着金色的宽带子。

殿前军中番号为"天武"的部队,其中一支军队要随驾皇帝出行。这些天武官都头戴双卷脚幞头,身穿紫色搭着天鹅结带的宽衫。编为"殿前班"的官兵们,戴着两脚屈曲向后的花色幞头,用红、青、紫三色与掺有金线的结带,望仙花袍子。他们骑马佩带弓与剑,拿着缨、绋之类的仪节,在前面开路。

殿前步军中的"御龙直",戴着一脚指天、一脚圈曲的幞头,穿着红方胜锦的袄子,束着腰带。他们主要的任务,就是保管以及制造皇帝所需用的一些东西,如金交椅、痰盂、水罐子、果子盘、掌扇、缨、绋等。至于皇帝本人所坐的"御椅",铺设的是黄色的罗纱,上面镶着珍珠,这个椅子是由亲从官抬着。

其余的各仪卫也都戴幞头、穿锦袄、束腰带。当皇帝大驾出行时,还有二百对烛笼,都是用红色的纱做的,上面贴着金纸。如果是在元宵节那天,就加上外罩琉璃的玉柱掌扇灯,这种灯是有柱子支撑,拿在手上的。其余的就拿红纱带珠络的灯笼。

当皇帝大驾快要到时,可以看到层层围围的禁卫,慢慢移向前来,其中一匹马上,盖着月样兀子锦,大概就是给皇帝乘坐的,这时有天武官十余人,簇拥着"法座"上马,并且大声吆喝着:"看驾头!"

其次有属于吏部的一些中、下级官员,都穿着普通的官服,手拿着垂着珠络球的杖,骑在马上听候使唤。近侍宦官们,以及其余的一些官员们,都依官品不同而穿着紫色、红色、绿色的官服。

殿前军、侍卫马车、侍卫步军三个衙门的执勤首长、知合门

第六章 官方的节庆和仪卫

事等人,戴上皇帝赏赐的御带,在前面开导领路。两旁都是宫廷内的卫士,这些卫士都经过特别挑选;个个孔武有力,戴着帽子,穿着锦袄,他们的任务很特别,如果有人(百姓们)高声叫喊喧哗,就会被他们打得头破血流。因此,这些卫士个个都紧握着拳头,虎视眈眈的。

教坊、钧容直两个单位的奏乐队,在前行奏着进行曲。皇帝的后面也跟着有仪队的乐队,在后面是禁卫队,以及一些身份地位较特殊的人;在左边的是中央的宰相、执政与他们的侍从人员;在右边的是亲王、宗室,以及"南班官"。所谓"南班官"其实也就是宗室族人,皇帝宗室的大家族,愈往后愈多。这些宗室的子弟们,虽然身份高贵,但却不见得有官可做,后来专门为他们设了一些官,也可以慢慢升迁,这就叫"南班官"。

较接近皇帝身边的是"横门",有十余人击鞭作响,在皇帝后头有曲柄的小红绣伞,也是由亲信的近侍在马上用手执拿着。

皇帝一行人驾临到灯山,专门管理皇帝车马的"御辇院"人员,在车前喊着"随竿媚来",这时皇帝的车子转了个大圈,倒着走上灯山,称为"鹁鸽旋",又叫作"踏五花儿"。这么表演了一手,自然这些车马官儿都有了赏赐。

皇帝大驾到达宣德楼时,许多到附近的游人,都赶紧跑到楼台之下来看。

十五日这天,皇帝亲临上清宫,自免不了一番宴会,直到晚上才回宫廷内。

十六日这天,皇帝不出宫廷,用完早餐后,登上皇城门楼,这时音乐声大作,皇帝座前的帘子也卷了起来,表示皇帝对百姓们的关心,看看百姓们。如果早到的居民,还可以看到皇帝;只见他身穿红色的袍子，戴着小帽，两旁左右都有宦官之类的近侍，在帘子外面，也有些拿着遮掩用的伞、扇等执勤人员。过不了多久，帘子就放下了，这时音乐之声也响起，百姓们可以自由走动看看。

皇城门楼旁有相对的两座朵楼，都搭有棚幕，并且有彩带装饰，左边朵楼坐的是郓王，以及其他的皇亲国戚们的幕帐，右边朵楼坐的是太师蔡京，以及其他的执政大员、官僚等。百姓们到处走走看看，还可看到不少的皇亲国戚，以及政府要员们。

皇帝这时也开始不断地宣布赏赐，许多官员们都受到恩赏，这些官僚所养的官府技艺，也不停地在表演乐艺，一时露台、棚架之上，音乐之声不停，好像在竞赛一般。

虽然在欢乐的气氛中，也有令人警惕的场面：开封府的首长率领警备单位与幕僚们，把罪犯提出在大众面前，一面宣布罪状，一面宣判刑罚，用意就是在警告、劝诫，休想存有为非作歹之心。不过，在楼上的皇帝时常传下话来，特别开恩赦罪，表示网开一面的仁慈之心。

到傍晚之时，灯火全都点放出光彩，月色映照着花木的神采，远近相连的烛光，似薄雾、似丝雨的一片夜色。直到三更天时，城楼上挂出了用红纱做的小灯球，缘着高竿直上，好像直挂到半空中一般，这个时辰，城里的人一看就知道，是皇帝已起身回到宫廷中去了！过了一会儿，就听到城楼外的鞭炮作响，楼上、附近的山丘上，上上下下数十万盏的灯烛，一霎时全都熄灭了，似乎是城楼这部分的节目算是到此结束。

达官显贵们的车马也转移了方向，他们游兴正浓，从皇城中出来，往南去游相国寺了。

这时的相国寺正是热闹的高潮，在大殿前专门搭设了乐棚，

第六章 官方的节庆和仪卫

是供音乐演奏用的。两廊有诗牌灯,就是用木牌来雕刻诗的字句,雕镂透空的字,外面罩着纱绢,里面有灯点燃着,这种诗牌灯的诗句倒像对联一样,如:

天碧云河欲下来,月华如水照楼台。
水树银花合,星桥铁锁开。

在资圣阁前因为有佛牙安放在此,故而有许多人在这儿设水灯,大部分都是达官显贵们所设的,预先也都定好了位置,普通人恐怕难以在此插上一脚的。

寺里最热闹的地方还是九子母殿,东、西塔院,惠林、智海两院,这些地方简直像灯烛比赛似的,争光夺彩,直到天明。

除去相国寺外,其余的宫观寺院也都全面开放,京都的百姓们去那里烧香、许愿的,也有去看热闹的,例如开宝寺、景德寺等地,这些大佛寺还搭设有乐棚,供人作乐、点灯等。不过在皇城内的寺院,就不允许点灯火的庆祝,为的是防止意外。

上面这些大寺院灯火鼎盛,另外还有葆真宫也相去不远,特别有一种玉柱、玉帘窗隔灯,更是有名。其他民间街巷、马行、香药铺、茶坊、酒肆,都竞相点灯,而花样百出,新奇相竞。其中以莲华王家香铺的灯火最为出众,不但如此,王家还请了一些僧人、道士来打花钹、弄椎鼓,吸引了许多来往的游人。本来这种表演是丧事场合的一项节目,在做法事之时,敲钹打鼓,弄出许多花招,许多妇道人家特别喜爱观看,结果变成一种带有趣味性的表演了。

京都的各门,都设置有官方的乐棚,自然有乐班剧团表演,真是官、民同乐的庆典。看那千街万巷,尽是一片繁华热闹,在每

东京梦华录：大城小调

一个坊巷街口，如果没有乐棚之类的表演可看，就会有戏棚子，表演些较小型的影剧等戏，给附近的人家观赏。这还有个好处，可以吸引这一带的小孩子们来看热闹，免得他们到处乱跑而走失了。

皇城禁卫的殿前班，因为职责所在，不得随地畅游，所以就在驻防的右掖门对面，也搭设了乐棚，还允许他们的家眷登上皇城门来观赏。其他各营、班等，照规定是不可以夜游的，在这万家点灯的夜晚，他们也只有自行热闹一番；架起高高的竹竿，把灯挂上，一眼望去，高低远近，有如飞星在空中跳跃，煞是好看！官方还有一些特别的赏赐给各单位，包括茶、酒、妆粉钱等，这些钱如同加菜金一样。

在城里门禁大开，阡陌纵横，通畅无阻。在幽深的坊巷里头，另有温柔之乡：门额披挂着花绣，垂下了珠帘，佳丽们是争奇斗艳，好像服装表演似的，最时髦的、新奇的、大胆的各种穿着打扮都可看见。那儿是酒兴融洽，春情荡漾，而来此的人们，或雅会、或幽欢，都不愿浪费一点的光阴，整个都城都浴在浩闹的景色之中。不知觉地，时光已向晚，但车骑仍整夜穿梭不停。五陵的少年郎呵！行路带来满街的歌声，而彻夜未眠的，是那万户千门中传出的乐响。

在街头巷尾，还卖些应景的小玩物，都是用丝、绸之类的布做成，如玉梅、夜蛾、蜂儿、雪柳、菩提叶、科头圆子、拍头焦馉等。焦馉显得比较特别，用竹架子撑出在青伞之上，装缀着梅红色缕金的小灯笼，在架子前后也有灯笼，敲着鼓，应着拍子，团团转动，这又叫作"打旋罗"。

从十五日的元宵点灯，一直到十九日收灯，这五天夜里，城门不禁。皇帝还曾经下过圣旨，要延展几天，似乎觉得兴致还未足够。在宣和年间，早自十二月就开始在酸枣（景龙）门上点灯，如

第六章 官方的节庆和仪卫

同元宵在宣德门上点灯一样,门下还设有露台。往南一直到宝箓宫,两边有各种买卖,属于饮食方面的有鹌鹑骨饳儿、圆子、饀拍、白肠、水晶鲙、科头细粉、旋炒栗子、银杏、盐豉、汤鸡、段金橘、橄榄、龙眼、荔枝等,各色各样的摊贩,排得非常紧密,也准备皇帝随时唤买。在晨晖门外,特别设有"看位"一所,前面用荆棘围绕着,周围有五七十步左右,皇帝有时就到这里观赏风光。

皇帝到"看位"时,随在身边的有传达的门司,管医药的御药,侍从官的知省,禁卫军官的太尉等人,还有三五个少年人当跑腿,随时听候差遣。在道路两旁有"粆盆"照耀着,如同白天一样。所谓"粆盆",就是用高架撑着火盆,这也叫作生盆,燃烧的材料用麻秸,通常在祭祀、庭园宴会时,就非常有用。如果这时有仕女们去观赏游乐,皇帝会邀请她喝上一杯,用的酒杯是黄金做成,大概喝完酒,杯子也赏给她了,像这样的情形,一直要到上元节那天为止,这叫作"预赏"。

我们照史书上的记载来看,像上元节的观灯,以及下节要谈的三月份的节目如金明池、琼林苑等,都是属于"游观"之礼。这个礼的性质是指岁时的游豫,范围相当广,像到寺庙去烧香、近郊校阅军队、看看农作物生长的情形等都属于"游观"之礼的。

与"游观"有密切关系的是"曲宴"之仪,这是在室外游观之后设宴会的仪节。所以我们看到只是玩乐性质的走走看看,还有随处宴会吃喝,其实都有讲究,有国家礼仪中的明文规则,绝非恣意挥霍。再如"游观",不是只为游乐,还有观民风、察时态之意,社会风气、人民生活是可以观察得到的。

三、淡淡的三月天

　　从三月一日起，到四月八日止，这一个多月的日子，最主要的庆典都集中在金明池的各种活动里，这是皇帝亲自参加的节目，因而引起京都游乐的一次高潮。

　　在城西的顺天门外，街北有座金明池，三月一日这天开始开放，主要的原因是皇帝要在此亲自校阅水军的演习，平时这儿是禁止人们随意出入的，这天开放后，可随人观赏，即使是御史台也不能弹劾禁止，看来将是个盛大热闹的场面了。

　　金明池平日是皇帝与达官显贵们巡游之所，在宋初还有个典故：太祖皇帝刚取得天下之初，实施中央集权的政策，许多地方上的藩镇都被解除了权力，多数居住在京城里，当然享有优厚的待遇。有天，这些将领陪同太祖到金明池游乐，喝酒泛舟，非常舒适，尤其谈起过去的日子，往事仿佛就在眼前一般。由于太祖在当皇帝以前，与这些将领的身份相似，也是握有兵权的高级将领，所以他们在一起都是旧时的同僚。太祖在叙旧之中，指着皇帝的宝座说：

　　"这个位置是有天命的人才能得到，我只不过是在偶然的机会里，被人推拥上这个位置，你们之中如有人想要干皇帝的，我一定让位！"

　　这话一说完，所有的将领们马上伏在地上，不敢起身，表示绝不敢有非分之想。当然太祖是很满意的。

　　太祖皇帝命左右的侍从，扶这些将领起身，不再谈这类令人紧张又敏感的问题，大家喝酒聊天，愉快地度过一天。

　　金明池既是平日人们不易去的地方，故而三月份的开放是极

第六章 官方的节庆和仪卫

难得的，何况还有许多操练与表演可看。在这些节目开始之前，先看看金明池的风景情况。

池子相当辽阔，周围约有九里三十步，东西直径有七里许。进了池子大门，从南岸往西去百余步，有个面向北的临水殿，这殿是皇帝驾临时停留之地，就在这里来观看各样操演、竞赛，以及赐宴等。过去这殿是木质建筑，绘彩有图样，到徽宗皇帝的政和年间时（1111—1117年）时，已用土木工程改建了。

再往西去数百步有座仙桥，桥的南北长达数百步，那是相当长的大桥。这桥有所谓"三虹"的景色，朱红漆的栏杆，下排的雁柱，中央的隆起部分。由于有隆起的形状，望去犹如骆驼的背峰，所以又叫作"骆驼虹"，远看过去，就如天上飞虹，跨越池面。这仙桥往池中心伸展，桥头有五座亭殿，也正在池子中心之处，四周是砖砌成的亭殿，都背对着中央的大殿。这里设有皇帝的座位，用朱红与金色漆的龙床，画有河流、云水、戏龙的屏风也陈列于此，这儿在开放之时，并不禁止游人到此观赏。

在殿亭的上下走廊之中，还有许多营业、买卖排列在两旁，如钱物、饮食、技艺人表演等。这情形在桥上也一样，两旁都用瓦盆来盛装些钱物、衣服，以及一些器具、小玩意之类。

在桥的南方有棂星门，门里有座彩楼当面而立，每当有什么活动比赛时，就有伎女在楼上作乐、歌唱等。与门相对的街道南面，有用石砖砌成的高堂，堂上建有给人登高观赏的楼，宽广达百丈许，这楼叫作宝津楼，往前到池门，大约也有百余丈阔之地。从这楼上往下俯瞰，可见到仙桥与池中的水殿，视野非常良好，开阔是它的地利；所以皇帝就到这楼上来，观看骑、射与各种游戏的表演。

在池的东岸，临水近墙之处，都是垂杨依依，两旁有许多彩棚、幕帐，专门出租供人观赏水中表演的。在街道东面，多是些酒食店面，也有赌博的场所、技艺表演的场所，这些似乎都是短期营业场所，到了池子关闭时，也都典押或出卖了。

往北走，直到池子的后门，就是通到汴河的西水门了。池的西岸不见有什么房子，只见斜垂的杨柳树叶子，轻轻地触在水面，池旁堤岸是一片草地，游人非常稀少，到此地的多是垂钓之人，他们得先向池子的管理处买个牌子，然后才能来钓鱼。若钓到了鱼，自有人会出高价来收买，为的是买来活鱼，当场烹煮，是道下酒的好菜。

西岸这里不只是垂钓之士聚集的所在，还是官方停放小龙舟的地方，这是当水上演习完毕后，龙船才停泊此处。水上演习就是"习水教"，也就是阅习水战，本来在五代的后周时期，就有这种演习。周世宗显德四年（957年），有对南方作战的计划，目标是南唐；打南方水战是不可避免的，于是把金明池开凿得更广阔，目的就是演练水战。这后来，成为一种传统，不过宋代统一中国后，就变成一般的水军演习，还带有一种表演节目的性质了。

在池岸正北方，面对着水中五殿，盖成大屋，这是专门用以盛装大龙船的，有点像仓库的样子，称为"奥屋"。皇帝驾临金明池的活动，往往达二十天之长，而活动的节目并不只限于水军的演习。

随皇帝出行的各禁卫、仪队等，头上有簪花，穿着锦绣捻金线的衫袍，金色的勒带、束腰，全都是最新、最鲜明光亮的装备。宫廷内府所藏的装备也被搬了出来，金枪、弓剑、龙凤绣旗、鲜红的缨结、彩色的马辔，军容壮盛，走动起来，万骑奔腾，加上鼓乐之声，真是惊天动地！

皇帝亲自驾临的活动终于展开了，最主要的分成几个部分：一是在临水殿，校阅水上表演；二是在琼林苑与宴殿，举行宴会；

第六章 官方的节庆和仪卫

三是在宝津楼,看各种游艺表演;四是在射殿,举行射箭表演。

临水殿的节目是最先展开的,皇帝先在那儿赐宴给文武百官。在殿前搭有伸出水面的棚台,仪卫队就站列在那里。在靠近殿前的水中,横列着四只装饰了花彩的小船,船上是军中的各种戏乐表演,如大旗、狮豹、掉刀、蛮牌、神鬼、杂剧之类,也就是一般耍大旗、刀牌枪剑、舞狮,以及杂剧等。

水军的演习也是一种竞赛,更是一种表演,这是临水殿的"正戏"。在开演前,应先有些娱乐节目作为序幕。先是在水中的一只小船上,结架起一座小彩楼,楼下有三个小门,形式犹如傀儡戏棚一般,正对着水面。同时,另外有两只乐船,船上表演的是"参军戏",以及"进致语"。"参军戏"在前面已有说明;"致语"就是为特定的对象而说的诗句或联语之类,有时也用骈体文的形式来说,都是一些吉祥的语句,好像致辞一般。如下面这些例子,是王安中(履道)在天宁节(徽宗皇帝的生日,十月十日那天)时所作的"致语":

歌太平既醉之诗,赖一代之有庆。得久视长生之道,参万岁之成纯。

五百里采、五百里卫、外并有截之区。八千岁春、八千岁秋,共上无疆之寿。

苏东坡在哲宗皇帝招待教坊的酒宴中,也有"致语":

南极呈祥,候秋分而老人见,
西夷慕义,涉流沙而天马来。

孙仲益为了送别，也有"致语"：

　　渭城朝雨，寄别恨于垂杨，
　　南浦春波，眹愁心于碧草。

"参军""致语"之外，等待音乐一响，这时水上傀儡戏的表演就开始了。只见彩棚中有门打开，走出小木偶人，在小船上有一个身穿白衣的木偶，做出垂钓的样子，后头还有一个像孩童般的木偶，在那儿做出划船的样子。小船在水中真划动了，还绕了几转，这时有说话的声音，又有音乐作响，白衣木偶居然钓出一只活的小鱼来。接着，音乐再响，小船就开进棚子里去。划船、钓鱼的木偶表演到此结束。

另外的水傀儡表演，都是木偶踢球、跳舞的动作，同时配上说"致语"、唱和、音乐等。

真人的表演在两艘画船上。船上立有秋千，船尾有各种技术、戏耍等演出，军中的乐团也用笛鼓来配合，非常热闹。这时有"水秋千"的演出；就是一个人去打秋千，荡得高度与架子快平行时，突然一个筋斗，纵身跳入水中，样式轻巧、美妙，这是当时的跳水表演。

水戏差不多告一段落了，各船只都纷纷向两旁退走，一面敲锣打鼓，一面挥舞着旗子，消失在正面的水域中。

正式的水军演习开始了，是采取一种竞赛的性质来表现。

有二十只小龙船，上面有穿红衣的士兵各五十多人，都有旗鼓铜锣等。船头有一军官，舞动旗子来指挥，他是属于虎翼水军这单位的军官。

有虎头船十只，上面有个身穿锦衣的人，手拿着小旗子站在

第六章 官方的节庆和仪卫

船头,其余的船员都穿着青色短衣,长头巾,手握船桨,整齐地排坐在两旁,这些人都是平民的身份,但在宫廷服务。

又有飞鱼船二只,彩色之中带有金色勾画,样子最为精巧。上面有五十多人,穿着各式各样的彩色戏服;其中有些人拿着杂色的小旗,或者红色的伞,左右挥舞着,这是敲锣打鼓的乐队船。

另有二只鳅鱼小船,只能由一人来划,是标准的独木舟。这两只独木舟都是以采花石出名的朱勔所提供的。朱勔这人我们在前面第一章中已有所说明。

节目开始时,各种小船都朝向停放大龙船的"奥屋"前进,速度极快。然后把大龙船拖出来,往水殿开去。只见小龙船在前导路,团转飞舞,虎头船就用绳索牵引着大船而行。

大龙船的长度约有三四十丈,宽有三四丈,船的头尾都修饰有鳞片,雕镂着金色,使得船身甲板等处都显得黯然失色。在甲板的两边,建有十间的小合子房间,是充作官员休息之用的。船中有个屏风,是皇帝御座前的龙水屏风样式,船上造起个观望的台楼,栏杆围起之中就是皇帝的御座了。从甲板到底,深度达数尺,船底有金属铸成的大圆盘,像桌面一样,将之紧密地排放着,用这么重的东西压住,为的是避免船身摇晃倾斜。龙头上有人舞旗指挥,左右两边的水棚,各列有六支桨,齐力划动起来,快速如飞。这艘大龙船到达水殿后,就停泊在一旁,似乎没有派上什么用场,大概纯粹是供人观赏的。

从水殿前到仙桥之间,预先用红旗插在水中,以便标示距离的远近。操演开始的时候,船队都布好了阵势;小龙船在最前,在水殿之前的水面上,东西相向;两排对列,其次是虎头、飞鱼等船。一会儿,在水殿前的水棚上,有一名军官以红旗来发号令,先是操演"旋罗",演出的是龙船队,只见他们锣鼓齐响,冲出数组,划桨旋转,一霎时围成了圆阵。

接着演出"海眼",当红旗一挥舞,船队立即分开为二,各自围成了圆阵,这像泉眼形成的小漩涡一般,与前一场像大漩涡的"旋罗"相似。然后是"交头",就是两只船队,交叉碰头的演练。

最后的水军演习就是种竞赛了。红旗指挥各船,全部集中到水中五殿的东西,面对水殿排成队形,这时有只小船出来,一名军官拿着一支竹竿,上头挂着彩带、银碗之类,这就是标杆,插在靠近水殿的水中,比赛就是夺取这支标杆,正是名副其实的夺标大赛。

指挥旗一挥动,两只船队仍是锣鼓齐鸣,飞速冲刺,看谁能先夺标。取胜的一队,立时狂欢舞蹈,好像莫大的荣耀。龙船、虎头等各型的船队,都分别比赛,而且都比赛三次才止,所以胜了一次还不算数的。

夺标赛后,水上的演练就到了尾声。最后的落幕,是船队再把大龙船牵引回"奥屋"之中。

关于宴会的节目,先看琼林苑,那是在顺天门外大街面北的地方,俗称为"西青城",是宋太祖乾德年间(963—967年)所建,主要是为招待考中进士的宴会之地,它与金明池恰好南北相对。

琼林苑大门的道路旁,栽满了古松怪柏,这是它颇享盛名之处,也因之显得景色宜人,而气氛高雅。在两边各有石榴园、樱桃园之类,园中还有些亭榭,这里多半给开酒家的所利用而成为酒站了。

在苑的东南角,政和年间(1111—1117年)筑了一座高数十丈的冈,冈上有观望的楼台,堂皇富丽,金碧相射。冈下有花石子铺设的小道。

附近尚有用精心挑选的石子砌成的池塘,池上架有小桥,成

第六章 官方的节庆和仪卫

彩虹式的拱桥，被繁茂的柳条遮掩起来，花枝的浓密，隐约地可看见小舟泊在池中。花树都是些素馨、茉莉、山丹、瑞香、含笑、射香等。有些花树是来自遥远的东南方：福建、广东，以及江浙一带的所谓南花，如月池梅、亭牡丹之类。

琼林苑这里的亭子相当多，也无法一一指出了。

另外一个宴会的地点，是在宝津楼南方的宴殿。当皇帝到达时，宫中嫔妃们的车马就停在宴殿，平日是禁止人们出入的，有官差管理。

在宴殿西方是射殿。殿的南方有条横街，是条两旁有柳树的小径，这儿为都城人打毬的地方。往西去有个苑西门，那儿有条水虎翼巷横街，街南方又有条小径，路边栽了梧桐树，在两旁还有小花园，以及亭台等，风景清幽。往南过了画桥，水中心有个亭子，叫"虾蟆亭"，池子呈方形，有柳树围绕着，这亭子也成为酒家做买卖之处了。

平常皇帝不出行到此，只在琼林苑的大门校阅陆上操演。他自己乘着马，立在大门上，大门两壁，都设有高大的彩棚，供文武百官坐处，同时开放给民间参观。除校阅军队以外，也有各种戏乐表演。

当皇帝骑马上金明池时，就张起了黄盖，并且依照礼仪规定，要击鞭作响，这都是皇帝起驾的形式。这时为了看热闹的人们，就特别多了起来，有如当大龙船要出船时一样，是非常轰动的。

宝津楼的节目，就是军方各种戏乐的表演。皇帝亲自驾临这楼上观赏，节目表演当然十分卖力，内容也极求精彩。表演的就是杂乐百戏，名目很多，有踏球、蹴球（踢球）、踏跷（踩高跷）、藏挟、杂旋（杂舞）、弄枪锍瓶（耍枪）、舭剑（耍剑）、踏索（跳绳）、寻橦、筋斗（翻筋斗）、拗腰（体操特技）、透剑门、飞弹丸（打弹弓）、女伎（歌舞剧）、角抵（相扑）等。名堂之多，有些无法确知了。

百戏表演开始,先排出十余人组成的鼓队,其中一人手执双鼓,他是代表说"致语"的,边唱说、边作鼓,唱词多半是"青春三月蓦山溪"之类。唱完后,鼓笛齐响,有一个系着红头巾的人出场耍大旗。接着是舞狮舞豹的上场,进退举止,动作迅速带着活力。其次,又有一系红头巾之人,手里拿着两面白旗,如旋风而舞,自耍自跳,技术精巧,这就是"扑旗子"。像这些表演,到今天仍然经常可以看到。

等到上竿、打筋斗之类的表演完毕后,乐队开始奏乐,曲调规律讲究。这时有穿着花衣服,身手矫健的兵士百余人上场,前列拿着旗子,其余都拿着雉尾、盾牌、木刀等,排成行列,先舞刀操练,互相演习一些作战的动作,然后列成弧形的偃月阵。这时乐队演奏,由阵势中跳出两人对舞,好像打斗的刺杀状,其中一人奋力砍杀,另一人就假装被杀死,而抬出场外去,如此,共有六七对的表演,或者用枪对盾牌大战,或者用剑对盾牌的血战。这批兵士的表演,是随着一声霹雳爆响,烟火大起之时而退出场外。

这声霹雳巨响,称为"爆仗",其实就是鞭炮,响声一出,烟火随起。接着一个像鬼怪模样的人出现,只见他披头散发,脸戴面具,口里狼牙还吐出烟火,身上穿着青色贴金花的短衣,黑色贴金花的裤子,光着脚板,手抱个大铜锣,进进退退地,脚踩着舞步。这个叫作"抱锣"的表演,通常是绕场几周,或者就地放个烟火。

又鞭炮声响,节目又有了变化,乐队开始演奏"拜新月慢曲",随着乐声出现了一个"硬鬼",他的鬼脸是个涂成青绿色的面具,有金色的眼睛,穿着花纹的豹皮,手拿着刀斧、杵棒之类,或脚步、或行走、或蹲着,看看听听,好像在找什么要去抓拿似的。

第六章 官方的节庆和仪卫

又鞭炮声响,"舞判"表演出场了:一人戴着假面具,有着长长的胡子,穿着绿袍、靴子,就像钟馗一样,旁边另有一人,敲着小锣作出招引的姿态,两人互相配合,跳着舞步。

接着有二三个人出现,他们看来瘦得很,露出瘠弱的上半身,还涂上白粉,脸上打扮成骷髅的样子,白脸金眼睛,肚子围条锦绣带子,手上拿着软杖,每个人的动作都装成诙谐的模样,跌跌撞撞的举止,犹如在排戏一样,这个表演叫作"哑杂剧"。

又鞭炮声响,突然有烟火涌出,在迷蒙之中,看不清面目,只见有七个人,都披散着头发,身上有花纹图案,穿着青纱的短衣,肚上围着锦绣的带子。其中有一人,戴着金花小帽,拿着白旗,其余的六人都裹着头巾,手中拿的真刀,互相格斗、砍杀,作出砍破了脸、挖剖心肝的样子,这场表演叫作"七圣刀"。

又鞭炮声响,烟火放出,就在放烟火的地方,用青色的布幕围着,有几十个人,都戴着假面具,穿着奇装异服,有如祠庙中的各种神鬼塑像一样,这场表演叫作"歇帐"。接着鞭炮响处,就退场了。

一声小铜锣敲响,引出了百余人,或者裹头巾,或者梳着两个发髻,各自穿着杂色的衣服,露出半个肩膀,腰系带子,脸上涂着黄色、白色等,这叫作"抹跄"。他们各拿着一把木制的刀子,排成几个行列的队形,这时似乎由敲锣的人来指挥,他们就开始行个礼,接着舞起刀来,舞完后,随着喝喊之声,队形开始变换起来,变换几次后,形成了一字阵,接着两个两个地出阵格斗,做出夺刀、砍杀的动作,每对的表演都不尽相同,真是各展身手,千变万化。接着表演"板落",就是其中一个人,把刀丢在地上,身子也向地上摔去,是用背来着地,而且还发出声响来,好像被打倒的样子,如此,表演了几十对。

接着上场的是个看来像乡下村夫的,他讲了几句话之后,又有一个看来像村妇的上场。这村妇碰上了村夫,两人一言不合,拿起棒子手杖,就大打出手,最后是村夫用杖背负着村妇出场。这种表演其实就是前面说到的"杂砒",以俚俗村戏来逗人发笑。

音乐演奏声响起,军队中的杂剧班先演出一段,继而露台弟子们也演出一段杂剧,有当时的名艺人萧住儿、丁都赛、薛子大、薛子小、杨总惜、崔上寿等人,至于后起之秀,更是数之不尽了。

再来就是属于马上的功夫了,就这些表演看来,有些固是"马戏",却也是"马技"。首先是"引马":当合曲的舞蹈完毕后,就由殿前军中的演员来上场,他空着手骑马出来,好像开场作引导的意思。然后有一骑出来,撑着旗子,这叫作"开道旗"。像是有板有眼,颇为讲究似的。

"拖绣球"表演上场了,有一骑抱着红绣球,用红色的绳索系着,把绣球拖在地上时,就有几人骑马追逐着,争着用箭去射它,从左边发箭的叫作"仰手射",从右边出手的就叫"合手射"。这种表演应该看来非常精彩,刺激性也大,而接下来的演出,更是技术高超,看得过瘾。

"蜡柳枝"表演,就是把柳枝插在地上,几个人骑马用弓、弩等来射,还有用划子箭来射的。这大约是箭镞较普通略宽的一种,所以若射中柳枝,柳枝必断,因为镞宽,有如刀片削断一样,也叫作"蹿柳枝"。这个军中的传统,往往在校阅军队之后,要由骑兵们来表演一番。据说是早在汉代时,从匈奴人处学来;匈奴人每当秋高马肥之时,要举行蹿林大会,就有这种表演。

"旋风旗"是继射箭表演之后的小型表演,没有什么动作,只不过是将十多面小旗子插在一个圆轮上,然后由骑士背着出场来跑跑。

同时又有"立马",就是手拿旗子,挺立在马鞍上来跑马。这倒要相当的技术才行。其他几项类似的骑术表演也跟着出场了。

"骗马",就是身子下马来,用手攀着马鞍,再跳跃上马,一面跳下跳上的,一面马在奔跑。

"跳马",就是用手抓在马镫,身子从马后像秋千一样地荡上去,再下来;如此往复动作,马也一面跑着。

"献鞍",就是身体离开马鞍,右脚弯曲挂放在马鬃上,左脚仍然踏在马镫上,左手则抓住马鬃,等于靠着左脚与左手来跑马,这又叫作"弃鬃背坐"。

"倒立",就是用两手抓马镫,竖立起来,这时双肩就碰着鞍桥,两脚直上倒立着来跑马。

"拖马",似是顺着"倒立"而发展出来的变化动作,就是倒立后,突然跃马下地,由马倒拖着走,然后又翻身上马。

"飞仙膊马",就是左脚踏在马镫上,右脚脱出镫外,身体离开马鞍,并且横在马鞍的一边,用右手抓住马鞍,左手抓住马鬃,这时身子都在马的一侧了,右脚踏地,顺着马前跑。

"镫里藏身",与"飞仙膊马"相似,不过表演的人身子全部缩在一起,有如把身子藏在马侧一样,在另一边的人几乎完全都看不见。

"赶马",就是用右臂紧紧地挟着马鞍,双脚着地,跟着马向前走。

"绰尘",就是一脚离镫,身体向下坠,手则可以触到地面。

"豹子马",就是让马先走,骑士由后头追赶,等追上时,用手抓住马尾而跳上马背去。

除去上面各种骑马的特技表演外,还有在鞍上横身的,也有在马上耍弄刀枪的,有的耍双刀,或者极为沉重的大刀,各种兵器的舞动都有。

精彩的骑术表演完毕后,有个身穿黄衣的老兵出现,称为"黄院子",另有几个人在前引导,手中拿着绣龙的小旗。这时有宫廷的马队百余骑出现,称为"妙法院",这名称似乎有些奇怪,因为这批骑士全是年轻女性,个个是妙龄少女,楚楚动人,装扮却都像男子一般。短顶的头巾,杂色锦绣掺着金丝的窄袍,红绿色的束带。这些骑士的服饰固然是光艳夺目,连马身上的配件也是金玉装扮、花彩华丽,所以这批马队过处,真是香风袭人。

女骑士们必是经过训练的,她们一阵疾驰就到了楼前,然后整队绕圈跑了几趟,就开始献艺。大体都是些乐器演奏,也有表演骑术的。这马队的领队叫许畋,她招呼队形成列,然后听到鼓声一响,全队都翻身下马,一手拿弓箭,一手抓缰绳,接着全队又行礼,有如男士一般,同时还呼喊几下,高喊万岁之类的,这是拜见皇帝的军礼。行礼完毕,又有鼓响,全队都跃身上马。大体上,若在宫廷中,穿着打扮为男子,行礼也就同男子一样,所以这批女中豪杰,行动举止也就像赳赳武夫一般了。

马队又做了一些队形变化的表演。然后分成两队,排作两边,双方各自出阵,或射箭、比枪、舞根棒,都是两方骑马交战的演练,演完后就退出了场地,这时乐声也响起。

最后的表演就是打马球,用比赛的方式进行。先在宝津楼前,结扎了有花彩的小球门,然后有穿着特定颜色衣服的男子百多人入场,可见这球赛的场面是相当庞大的。他们头上都裹着角子向后弯曲的花幞头,衣装则一半红色,另一半人穿青色的锦袄,束腰带,丝制的鞋子，看来是相当讲究的"球衣"。每个人骑着驴子，鞍上还有雕刻的图饰，缰绳也是花彩的颜色。

这支球队分为两边，就称为左、右朋，两朋都有"朋头"，也就是球队的队长，他拿的是较特别的球杆，有彩画的装饰，这种球队称为"小打"。

球赛开始，由一边的"朋头"开球，等球落地，两队就开始争球，队友们争到球，都集中全力打到"朋头"那儿去，若由"朋头"将球打入彩门，那就算赢了。双方一边是攻，一边是守，攻的就尽力打球入门，守的就全力护门，不让球打进去。双方比赛，皇帝是有奖赏的。

男子球队赛完球，接着女子球队也上场了。仍然是由"黄院子"在前领导，宫中女子百余人参加，她们与"小打"一样，不过因是女子，所以就加了些珠翠装饰，玉带红靴，煞是好看！她们骑的不是驴子，而是小马。这种女子马球队称为"大打"。

女子球赛当然令人注目，人人骑术精良，风驰电掣一般，而骑士们更是体态轻盈，风姿绰约，真是人间难得一见的画面啊！

宝津楼前的军中百戏完毕后，就是射箭的节目了，这是"宴射"之仪。

皇帝驾临射殿，举行射箭比赛。由殿前军中的招箭班来展开活动，选出二十多人，都戴着长脚幞头，紫色绣花的宽衫，黄色义栏。他们排列成雁翅形状的队形，等待皇帝的箭射出去后，他们跟着一齐射出，个个都中目的，真是箭无虚发的神射手。

此外唯一的表演是，有一人口中衔着一只银碗，加上两手、两肩共有五只，当作标靶，表演者所射的箭都能射中这些银碗，而不会有偏差，表示神射之精确。

射殿的节目比较单纯，活动也不显得有什么热闹，就只是射

东京梦华录：大城小调

射箭，表演一两个花样，射完后就大家都随着皇帝返回宴殿去了。若以史书上记载来看，参加人员及礼仪规则等就复杂多了，尤其是礼节上要反复地拜来拜去，不停地饮酒，大概是遵循"揖让而升，下而饮"的文意吧！

像金明池、琼林苑等地方，是京都三月里活动的重心所在，自然有各种的买卖、营业等云集，政府也开放一些有拍卖性质的生意。除去酒家、艺人等是当时繁华热闹的景象中所不可或缺的之外，其他有许多的生意也出现在场，更装点出一片盛况。通常可见的是以搭张布幕、结彩，摆出许多稀奇的赏玩、珍宝珠玉、布帛、各种工具、器物、茶酒等，甚至还有车马、歌姬、土地、房屋、舞女等，这些都是供人出价来"搏买"的，就是出价来标买，像是大甩卖一般，但有拍卖性质，可真是包罗万象，在拍卖场中，最有名的卖家是任大头、快活三等人，其余当然还有不少。这种博弈把车马地宅等耗上，可谓豪博，但把歌舞女也算上，未免伤风败俗之至。

像这类买卖游艺，平日似乎是不允许出现在池宛之内的，随着京都三月的活动，也就特别开放了。在池宛内所产的鱼、藕、各种果实等，自然要进奉一些给驾临此地的皇帝，皇帝也有所赏赐。

令人较注目的有小龙船，这些船是宫廷"后苑作"这机构所制造的，工艺极为精巧，雕牙缕翠，足见所花费的功夫。另有随着皇帝、官员们一起来的各类艺人，如以表演小乐器出名的张艺多、浑身眼、宋寿香、尹士安等人，表演水傀儡出名的李外宁，除他们都随场作秀之外，还有其他的许多艺人表演。小乐器是一两人的合奏，配合不同的乐器表演。

谈到那里的饮食，主要有水饭、凉水绿豆、螺蛳肉、饶梅花酒、楂片、杏片、梅子、香药脆梅、旋切鱼脍、青鱼、盐鸭卵、杂和辣花等。

第六章 官方的节庆和仪卫

当金明池水上操演结束后,还特别开放准许人们游艇、泛舟,那儿备有大小船只出租给游人,也有些达官显贵用双缆黑漆平船,船上设紫帷帐,还有乐队演奏。这样的游池,当然是非常享受的。

当所有的节目完毕后,皇帝大驾也打道回宫。他本人头裹有簪花的小帽,乘着马,文武百官、护卫仪队也都随行,有趣的是"赐花"习俗,帽上全有皇帝所赐的簪花。原来那时赐花有三等分别,一是逢皇帝生辰,辽国也有来祝贺的使臣,这时就赐绢帛所做成的花,表示俭朴的礼节,而且是宋代传统的规定。逢到春、秋二季的宫廷大宴会,这时就赐用罗帛所做成的花,这种花看来非常华丽。至于大典礼之后,群臣们答谢之时,上元节游春之时,或者金明池、琼林苑回宫之时,都举行小型的宴会,这叫作"对御",这个时候又有赐花,花是滴粉缕金,看来极为珍贵。赐花自然也按照身份、地位的不同而有多寡的差别,不过赐滴粉缕金的花倒相当大方,比前述两种的赐花,数目要多些,有时一赐就每人数十枝之多。像这样的回宫队伍,人皆有赐花,看去真如一片花海,颇有浪漫的情调哩!

在徽宗皇帝的大观初年,皇帝原乘着骢马到太和宫前,忽然心血来潮,招呼平日心爱的宝马,名叫"小乌"。"小乌"到了皇帝面前,说什么也不肯再走,鞭打它也无效,又跳又叫地不服驯调,这时有人说:"这匹马大概是想封个官吧?"皇帝也就宣布封它为龙骧将军,说也奇怪,"小乌"竟然就驯服如故了!

从三月一日到四月八日,这段金明池开放的时间里,虽然是有风雨的日子,仍然不乏有兴致的游人,几乎是无日不见,川流不息。而京都里也充满春光浪漫的气息,城里是锦绣处处,满眼看去都是片片的花光,走在路上随时飘来的香气,与盈耳的音乐声响,真令人陶醉,华丽的车马奔驰在街巷,沿路有花彩的棚子,加上到处可见的彩画阁楼，如珍贵的穿着、装饰等，好不奢侈。而在风光旖旎之中，京城的人们也都尽情地享受着，每天所见到的车马，真是数之不尽啊。

城中的歌女们，以往多是乘坐驴子。到徽宗皇帝的宣和、政和年间，她们多改乘马儿，身上穿着凉衫，这是当时很流行的一种穿着，同时把盖头背系在冠子上。有些轻薄少年，往往跟随在她们身后，也是轻衫小帽骑着马。还有些恶少之流的马骑，他们文着身子，所以又叫作"花褪马"。为了出风头，这些文身恶少特别用短的缰绳来控制马头，一路上呼喊快跑，要耍骑术，京城的人叫这种骑法为"鞅缰"。

路上还可以看见游人们挑着竹竿，把一天里拍卖得来的东西挂着。有些富贵人家女子，乘坐的轿子并不放下帘幕，而且轿上还插着花朵，看来相当开放似的。

在这个淡淡的三月天里，应是春季的尾声了，但仍然可见百花开放，烂漫如云，牡丹、芍药、棣棠、木香等花朵，充斥市面。卖花的人往往用一种马头竹篮来放花，沿路歌叫着，声音清亮入耳，划破寂静的院落；层层帘幕的高楼，当宿酒未醒、好梦初觉之时，听到卖花歌声，仿佛一股新愁如波浪般地涌来，而莫名的幽恨也徒然生在心头。正在回味不舍这种感触之时，城郊野外，已经有军队在那儿出操了！

四、皇帝的生日

根据宋人笔记的记载，历朝皇帝的生日都定为节日，如太祖

第六章　官方的节庆和仪卫

是二月十六日生,这天定为长春节;太宗是十月七日生,这天为乾明节,后来又改为寿宁节;真宗是十二月二日生,这是承天节;仁宗是四月十四日生,这是乾元节;英宗是正月三日生,这是寿圣节;神宗是四月十日生,这是同天节;哲宗是十二月七日生,但为了避祖先忌辰,所以定次日为兴龙节;徽宗是十月十日生,这是天宁节;钦宗是四月十三日生,这是乾龙节。

在徽宗皇帝时代,十月份最重大的日子,当然要数天宁节了,不过在此之前,还有一个日子也值得一提,那就是《梦华录》中特别提出的十月一日与三日。

十月一日是"赐衣"的日子;三日是"暖炉"的日子。宋代朝廷的习惯是在皇帝诞辰、端午节、初冬这些日子,要"赐衣",也就是皇帝的一种赏赐,表示关心臣下们的生活。像十月正是初冬之时,就赐下了夹衣,所以在一日这天,从宰相以下都穿上所赐的锦襖,好像换季一样,改穿冬季制服。

三日这天就是"暖炉"日,不论官、民都在这天出城祭坟,有点像寒食节一样。而宫廷中的人就到道观庙院去祭,还要去西京洛阳祭皇室的陵庙,皇家宗室们所出动的车马、仪节等,正如同寒食节一样。这时日里,政府有关单位就架设起暖炉炭火来了。

暖炉的架设直到第二年的正月底,整个冬季都用,全是适应季节而设的,目的就是用来烫酒、烤肉,围坐着吃喝御寒,在宫廷以及政府各机构都有。皇帝退朝时,赐给臣下们的茶酒,甚至肉类,也是用暖炉炙热的。用暖炉烫热食物,在冬天里的确是种乐趣,所以民间也普遍模仿起来,变成一种流行的习俗(三五亲朋好友聚在一起,喝酒、烤肉,大做"暖炉会",不失为消磨寒冬的好节目)。像民间在这时节给亲戚朋友们送些薪炭、酒肉、布匹等礼物,正是这个"赐衣""暖炉"的意思,有时新嫁出的女儿,还得送她火炉呢!

为了准备天宁节的大庆典,早在一个月前就着手筹划了,教坊是最忙碌的,要集合所有的乐伎歌女演练,以备届时的表演。

在初八那天,枢密院要集合修武郎以上的官员们;初十日那天,尚书省要集合宣教郎以上的官员们,到相国寺去举行祝圣的斋筵,然后再齐集到尚书省的大厅上,接受皇帝所赐的宴席。宋代武官官阶分为五十二阶级,修武郎是第四十三阶,在官品上是属于正八品官,相当于一个大县的县长。宣教郎是文官三十七阶中的第二十六阶,属于从八品官。

十二日那天,宰相执政们,以及亲王宗室们,率领文武百官入大内宫廷去上寿,这次典礼称为"大起居"(参见附录五及六)。音乐没有演奏之前,在集英殿所架设的山楼上,有教坊中的人员,他们先开始模仿各种飞禽的叫声,场中一片肃然,只听得百鸟的啼鸣传自半空之中,有如鸾凤和鸣。而后官员们谢皇帝的赐坐,最高级的官员们,如宰相、执政、亲王、宗室、观察使以上的大臣,以及辽国、高丽、夏国的正使臣与副使臣,都坐在殿上,各寺、监等单位的主管、副主管,如卿、少卿一级的官员,还有其他的官员们,各国来的使者们,都坐在大殿的两廊,至于军校一级以下的官员们,就被安排在山楼之后了。

各官员面前都有一份食物盘子,放着环饼、油饼、枣塔等物,其次还有各种水果,但辽国大使的面前较为特别,另外加上猪、羊、鸡、鹅、兔等连骨的熟肉,同时还用小绳子捆绑着。此外放了生的葱、韭、蒜、醋各一碟。大约三五个人之间就放有浆水一桶,桶内有几只勺子。

教坊中有两个称为"色长"的官员,在殿上的栏杆边,他们

第六章 官方的节庆和仪卫

都穿着宽的紫色袍子，腰系金带、衫为义襕，头上浑裹，负责看盏以及斟酒，看盏就是注意酒杯里的酒，皇帝酒杯空了，他就要举起袖子喝道："绥御酒"，喝毕，把两袖拂下到栏杆边而止。如果是宰相大臣的酒杯空了，他也要高喝："绥酒"，同样地有举袖、拂袖的动作。喊酒之后，接着乐团就要表演，他成为报节目的司仪了。

教坊中的音乐团在山楼下的彩棚之中，都在头上裹着长脚幞头，服装是随着各部门而穿着紫、红、绿三色的宽衫，黄义襕，镀金的凹面腰带。在前一列是拍板，十串成一行；其次是同一色画面的琵琶，共有五十面之多；其次有箜篌两座，高度各有三尺多，形状如同半边的木梳一样，黑漆的底色，金色的镂花。这些乐器之中，拍板是种长宽如手的乐器，大的有九版，小的有六版，是演奏中打节拍用的，宋代的拍板是六版，长约有寸许，上端锐薄，下端圆厚，材料以檀木或桑木为之。琵琶在宋代是用曲颈形式的，而不是直颈形式。至于箜篌这种乐器，有的说是汉武帝时所制造的，有的说是胡人的乐器，大体上应该原是胡乐，而后被中原所采用吸收。

在这些乐器之下，有个台座，上面有张二十五弦的琴，一个人跪在那儿，两手交互抱着。其次有高高架着的两面大鼓，鼓上有花地金龙的彩画，鼓手穿着背结宽袖衫，里面套件黄色的窄袖衣服，鼓棒用金色裹着，垂着结带，若是高举双手打起鼓来，简直像是流星一般。

大鼓后有羯鼓两座，这是胡人乐器，也像一般胡人打鼓一样，放在小桌子上，两手拿着木杖来敲打。其次有铁石"方响"，这是一种铁制的打击乐器，有人认为这种"方响"不登大雅之堂，只适合民间来用。但这个放"方响"的架子颇为美观，用明金彩画的架子，还垂着两条流苏。

其次有些属于吹奏的乐器,如箫、笙、埙、篪、觱篥、龙笛等。根据《文献通考》里的说法,教坊中所用的箫,长五六寸,十六管有底,其中四管不用,已经不是旧制了。笙在宋代也成为世俗之乐,有十七簧,外设二管或不设,这是"义管",用来变更调匀曲调的。埙是以七孔来吹奏七音,上下通圆,似乎也不合古制。篪是有底的笛子,大的有一尺四寸,周围是三寸,小的长一尺二寸。至于觱篥是胡人号角之类的吹器,它排列在管乐器之前,因此又称为"头管"。龙笛就是八孔的横笛。

在两旁对列有二百面的杖鼓,这杖鼓在唐代时是两杖鼓,就是两头都用杖,到宋代时只有一头是杖,另一头用手拿着,而且原来用以独奏的,到这时只用来打拍子,却失去了独奏之妙。杖鼓手的穿着是头裹长脚幞头,紫绣抹额,背系紫色宽衫,内穿黄色窄袖衣,结带及黄义襕。

演杂剧的人员,都诨裹穿着,各穿紫、红、绿色的宽衫,义襕、镀金色的带子。他们从殿旁相对而立,队伍直排到乐棚。每遇到舞者入场时,在两旁对立的人,叉着手、举左右肩膀,随着节奏动脚打拍子,一齐群舞起来,这称为"挼曲子"。

喊第一盏御酒时,"歌板色"这个教坊里的官员,开始"唱中腔",唱完一遍,然后又与笙、箫各一管相和,再唱一遍,接着各乐器齐奏,但歌者的声音,清晰可闻。当喊宰臣酒时,乐团的人,都一齐起立干杯,当喊百官酒时,就由教坊中的官员名叫雷中庆者,出场表演"三台舞",他因为有官职身份,不同于教坊中一般乐人、舞人的诨裹宽衫,而是展裹的穿着样式,也就是裹展翅幞头。

舞曲先演奏前奏曲,然后舞者入场。到歇拍时,又有一舞者入场,两人对舞数拍。先前的舞者退场,由后来的舞者单独表演,

第六章 官方的节庆和仪卫

一直舞到整曲结束，这叫作"舞末"。

进行到第二盏御酒时，"歌板色"所唱的与前面相同。当宰臣酒时，就演奏慢曲子。百官酒时，也表演同前面一样的"三台舞"。

进行第三盏酒时，有左、右军的百戏入场，一时显得热闹起来。所谓左、右军不是作战部队，而是京都两支厢军。百戏的节目，不外乎上竿、跳绳、倒立、折腰、弄碗注、踢瓶、翻筋斗、叠罗汉之类，都是些体育技能表演，而不是舞狮、豹，耍大旗，神鬼剧等。表演者或男或女，都是红色头巾，花彩衣服。

在殿前有石板上打好的窠洞，表演百戏可以之插立所用的戏竿道具等。凡是皇帝的御宴到第三盏时，就有下酒菜上桌，如肉类、醎豆豉、爆肉等，还有一种叫作双下驼峰角子的下酒菜。

到第四盏时，如同前面一样唱、舞。接着有"发诨子"上场，就是打诨、说笑话之意，然后"参军色"拿着竹竿的拂子（拂尘），念致语、口号等，说些应景的吉利话，再配合各种杂剧演出，又作一次致语、口号。最后是全体来个大曲舞。这时的下酒菜，又上来了脔子骨头、索粉、白肉胡饼等。

到第五盏酒时，先是琵琶独奏。宰臣酒时，是方响独奏，凡是独奏的曲子还有个规矩，就是乐人要谢恩，然后上殿去独奏，有表示独获垂顾之意。当百官酒时，乐团奏起三台舞，如同前面一样表演。

参军色又上场表演，这回是带队演出，由小孩子组成的舞队，各选出年龄约十二三岁的两百多人，分成四行，每行一名队头，由四个人簇拥着。都带着小隐士帽子，穿红、绿、紫、青色的花衫，上领四契，也就是四开衩的衣服，义襕、束带，各拿着花枝。

队伍排好后，先有四个裹着卷脚幞头，穿紫衫的人，擎着一个花彩殿子，内面贴有金色字牌，敲着鼓儿前进，这叫作"队名牌"。

上面还有对联，写着"九韶翔彩凤，八佾舞青鸾"之类的句子。乐团开始奏乐，小孩们纷纷舞步前行，直到皇帝所坐的殿前，这时参军色就开口，召队伍的领队到前面来进口号，杂剧演员也跟着配合表演，然后音乐响起，集体群舞与大合唱开始，他们是又歌又舞。唱了一段落时，队伍的领队又上前进致语，并且引进杂剧入场表演，一场分为两段演出。

当时在教坊中的杂剧名演员，有鳖彭、刘乔、侯伯朝、孟景初、王颜喜等人，虽说是演剧者，倒不可小看了，他们都是有"使副"头衔的官儿哩！这个"使副"头衔是指赏赐的什么使、副使等，多半为宫廷执掌礼仪、传达等性质，或者宫廷各种管理机构的小单位，他们有名衔但未必真正是"官"。在大内的殿庭中演剧，因为有外国使臣在座，也就不敢作过分的嬉笑怒骂，只有用队伍来现示所要表达的形象，通常称为"拽串"。

杂剧演完，参军色发言，小孩队伍准备退场，于是集体舞着"应天长"的曲子离去。

这节的下酒菜有群仙臡、天花饼、太平毕罗干饭、缕肉羹、运花肉饼。大概节目进行到这里，皇帝也看累了，需要稍作休息，于是百官们都退出大殿门的帐幕之外。不久，又依照规定秩序，重新入座。

到第六盏酒时，由笙来吹奏起慢曲子，宰臣酒也是慢曲，百官酒仍是三台舞。这一节的表演是非常激烈的"打球"，先由左、右军建立球门，有三丈多高，门上结有各色彩带、球络等，门宽只一尺许。左军的球头名叫苏述，他就是领队，裹长脚幞头，穿红锦袄，其余队员都是卷脚幞头，也穿红色锦袄，共有十余人。右军的领队名叫孟宣，这一队身穿青色衣服。

第六章 官方的节庆和仪卫

乐团以笛与杖鼓演奏"断送"曲,表示球赛开始。左军红队先把球打向自己人,大家轮流打几下,打得差不多了,就把球传送给领队,由他打向对方球门,如果进了球门就算赢了。双方比赛打球,都是用这种方式。胜的一方自然得到赏赐,奖品是银碗、彩色锦帛等,得奖赏的都是一起披着锦帛,来拜舞谢恩。至于输掉的一方,领队较为倒霉,他要吃上几鞭的。

看球赛时的下酒菜是假鼋鱼,蜜浮酥捺花。

关于打球,《宋史》中的礼志里也有记载,不妨将之转述如下。

打球原来是军中盛行的球戏,宋太宗时曾令有关单位详细审订了规则。每年三月,在大明殿举行打球大会。先把场地清理好,竖木为球门,东、西两门都有丈余之高,门顶刻着金龙,门柱下有石刻的莲花座,加上彩布。左右两边分别由两个"承旨"头衔的人充任球门。这个"承旨"绝不会是翰林学士承旨这种高级幕僚,只是借用承皇帝之旨的意思,又有两个卫士拿着小红旗来发号令。

皇帝身着绣龙的锦衣,手持着哥舒棒。球场周围有卫士守护,在殿阶之下东西两面,都有日月旗插立着,两廊还有教坊里的西域乐部单位,两边另有五面鼓。又在两球门的旗下,各放了五面鼓。

有关单位来负责分别两队,凡是亲王、宗室、高级官员、将军们,以及其他的一些官员、亲近的臣下都要参加球赛。服装的分别是宗室、节度使以下穿不同色的绣衣,左队黄襕,右队紫襕,至于打球的官员们是左队紫色绣衣,右队红色绣衣,头裹脚折上巾,穿黑皮靴。

皇帝乘着天厩院中的专用马匹出场,教坊奏出凉州曲的音乐,各官员迎接皇帝到大殿,群臣们先谢参加球赛之荣,然后分别上马,他们的马尾已经结好了两队的不同记号,从两旁进入西面。皇帝乘马在西南方,这时内侍以红漆的球掷到殿前,由通事舍人这个官来请皇帝把球打向东门,教坊奏乐之中,皇帝把球打了进去,乐鼓之声乃止。皇帝回来接受群臣的恭贺,接着赐酒。喝了酒后,皇帝再上马打了一次球才停止独打,以下就是与群臣们分两队赛球了。

鼓声随着球赛进展而响,鼓马最紧密时,就是球赛最紧张之时,进了球门就得一分,这时有杀鼓三通作响。得分以旗子来计算,在球门两旁有绣旗二十四面,殿的东西阶下,各有空的插旗架,哪一队得分就在哪一边插上一旗来识别。

通常当皇帝得分时,音乐就暂停,大家都高喊万岁;若是臣下们得分,只叫好而已。大体上得胜三分,球赛就算结束了。除去骑马打球外,也有骑骡、驴赛球的,也有步行打球的。总之,是一种激烈而有趣的运动。

至于球赛也有赌彩头的情形,在宋人的记载中有看到不少。

关于球门也有一则数据可提供参考,这是《事林广记》一书中所绘的图形。

第七盏御酒时,奏慢曲子,宰臣酒、百官酒,都与前面相同。参军色又复出现来引表演者入场。这次是女童队表演,这些女童是从左、右两军中选出来的妙龄少女,应选的标准还要容貌过人者,共有四百多名。她们或戴花冠,或者穿髻鸦霞式的仙人装,或者裹卷曲花脚幞头,四面开衩、红黄色销金的锦绣衣,看来全是新制的流行式样,异常美妙。

拿着银裹头杖子的四人称为杖子头,都是曲脚向后指天幞头,有簪花,穿红黄宽袖衫、义襕。她们也都是都城里的名角,当时就是陈奴哥、俎姐哥、李伴奴、双奴四人。每个人都由四人簇拥着,这簇拥的四人打扮成仙童式的丫髻与衣装,手执着花。她们用舞步前进,殿前并陈列了莲花,以配合"采莲"舞曲。在槛之处还标

第六章 官方的节庆和仪卫

出了每队的名称。

参军色发言问队，杖子头代表全队进口号，也是边舞边唱。当乐团奏完"采莲"曲后，这些女童又复群舞。当"唱中腔"完毕，又进致语，并且引杂剧入场表演，仍是一场两段式。

女童队节目的进行与前面第五盏的小孩队相同，不过节次较多。表演要结束时，也是由参军色发话，于是集体合唱、跳着舞步出场。这段节目的下酒菜是排炊羊胡饼、炙金肠。

第八盏酒较短，喊御酒时，"歌板色"要"唱踏歌"，宰臣酒时是慢曲子，百官酒时还是三台舞。然后是舞蹈的合奏曲。这段节目的下酒菜是：假沙鱼、独下馒头、肚羹。

管九盏御酒是慢曲子，宰臣酒也是慢曲，百官酒是始终不变的三台舞。演奏曲同前段的舞曲。这时有左、右军表演相扑。下酒菜有水饭、簇钉下饭等。

节目到这时总算全部结束了，皇帝也准备起驾回宫。群臣们都戴着簪花回府，随从人员也戴簪花，又是一片花枝招展，好不热闹，满是喜气洋洋。其中引人注目的是女童队的少女们，当她们从右掖门出宫时，许多少年郎早在那里等候，一路上不是纷纷赠送心爱之物道别，就是备好了饮食酒果等来迎接，就这样，少年男女骑着马儿归到家门。这之中有些女子或戴花冠，或者是男子装扮，从御街大道奔驰而过，好不出风头！而围观的人们正像是层层的厚墙一般。

稍微要提一下的是宴会所用的器皿。喝酒用的盏是"屈卮"，就是像菜碗一样，但有把手；在殿之上所用的盏是纯金打造的，殿之下就使用纯银质的。食器方面都是用金、银、棱、漆制的碗碟。

五、寒冬的大礼

《梦华录》在最后一卷中记载了皇帝的郊天大礼，对宋代的礼仪制度而言，成为珍贵的参考数据。同时也叙述了其他有关的典制，都让我们明了京都在寒冷的冬季里，政府的重要活动有些什么。

为了准备行大礼所用的车象队，特别在两个月前就开始教阅了。这个车象队的教阅也成为当时颇为轰动的景观，因为大象在北方确是不易看见的动物，有些人未曾见过它，只好称呼它为大鼻驴了。

车象队伍按例要由宣德门到南熏门往来走上一趟。车应该是用五辂，但仅是练习，所以就用五乘之车来代替。每车上有二口旗子，鼓一面，用四马驾车。挟车的卫士都是紫色衫帽。车前还有几个人击鞭。

象共是七头。在前头列有朱红色旗子数十面，铜锣鼙鼓十数面。行进时要先敲锣二下，然后鼓就急应三下。每一头象自有一人来驾驭，他们身着紫衫、裹交脚幞头，手拿着短柄尖头的铜镶跨在象颈上，每遇象不驯服时就用来刺击它。

车象队伍到达宣德楼前列好队形，还要表演面向北方的参拜皇帝之礼。乘着空当时，有许多皇亲国戚以及贵族们，乘机把象带到家门外让家人一起观看，自然少不了银绢之类的打赏。

车象队必经的御街大道一时也热闹了，围观的民众不断地涌来。做小手艺的人也乘机大发利市，应着这个景色有用土粉之类捏小象儿的，有纸画象儿的，路人纷纷掏出腰包来购买，拿回去当纪念品送人。

在冬至的前三天，皇帝要驾临大庆殿留宿。大庆殿拥有一个可容

第六章　官方的节庆和仪卫

纳数万人的广场，前面已经介绍过（第三篇）。从这里开始就一直朝向郊天大礼进行，其简单的节目表是这样安排的：凌晨由大庆殿出宣德门往景灵宫，那儿有历代祖宗的遗像。行礼后入太庙，当晚住在那儿。凌晨要奉神主出南熏门，往都城南郊的青城而去。当晚要住在那儿斋戒沐浴一番，以准备次日凌晨到青城南方去行郊天的大礼。

在大庆殿的凌晨五更天时，掌皇帝祭祀的大宗伯发布出祭的程序，由铁骑卫士导行护卫队伍的出发。在三更天时队伍已经开始部署行动了。

象队动员了七头，身上各披有美丽的文锦，背上则安置有金莲花座，佩上金色的辔绳，在颈间驾驭的人也穿着了锦衣。此外，还有一些高旗大扇、画戟长矛，以及五色的甲胄，这真是一支华丽的队伍。

骑马的官兵有各种不同穿戴，或者是戴有锦绣抹额的小帽，或者黑漆圆顶的幞头，或者皮质的兜鍪帽，或者漆皮加犀斗般的笼巾，或者穿红黄色而有锦绣画样的衣服，或者穿纯青色、黑色衣连鞋，袴也是青、黑色的，有裹交脚幞头的，有用锦缎当绳子像蛇似的绕在身上的，等等。

手中所执持的也是五花八门各式各样，有的数十人拿着大旗唱着引路而走，有的拿大斧、佩剑、锐牌、镫棒、短杆，有的持着悬挂上豹尾的长竿。凡是所执的矛、戟之类武器都缀有五色结带的铜铎，以为装饰；而旗、扇面上则画有或龙或虎或云彩或山河之类图像。另有一种旗高达五丈，称为"次黄龙"，这是限于皇帝出行时使用。

上述的这些仪卫最先到达都城外的青城，他们在青城的斋宫前列好队形，加上其他一些仪卫队造成了庞大的阵容。只见有裹交脚幞头、佩剑、足下蹬靴子的士兵上千人；又有忙着插竿子、旗子的士兵百余人，场面甚为浩大。一般单位的打杂人手都穿锦袄。都城内各班直、亲从官、亲事官等，都戴帽子、结带的红锦袄，或者穿着短后打甲背子，衣上有红罗底色绣紫色团形的答戏狮子图样，他们这批人是负责皇帝使用的有关的器物。

禁军中的御龙直都戴珍珠结络的短顶头巾，穿紫色底杂色花的绣衫、金束带、看带丝鞋。天武官戴朱红漆配金色的笠子，红底有团花的背子。三衙与带御器械等官，都是戴小帽、穿背子，或者紫绣战袍，骑着马在前先导。

出宣德门后，皇帝乘着"玉辂"之车向景灵宫行去。这"玉辂"建造于唐高宗时代（650—683年），历经武后（684—704年）、玄宗（712—755年）以及宋真宗（998—1022年）几个帝王的使用，曾三次往泰山，一次往嵩山举行大礼，这是皇帝乘坐最高贵的礼车，由唐代传到宋代可谓古物。但宋仁宗时曾造新辂车。根据记载的文献有这么一件事：

当宋仁宗的新辂车造好后与旧辂车一起使用，新车在前行，旧车就会发出如同野兽般的吼声，而且怎么用力去拖也走不动。当新车排在旧车之后行动时，就顺利如常，没有怪事发生。看来这旧车似乎有灵性的，这样新车也就没有使用了。

神宗皇帝时又造新辂车，但因屋坏而压毁了。这个由唐代传下来的古物就只好一直用到北宋的末年。

皇帝此时所著的冠服如图画上星官的服装，头冠是通天冠，又称为卷云冠。冠上有来自辽国的珍珠，这种来自北方的珠子称为北珠，实则辽国的北珠是得自东北渤海滨与鸭绿江一带，在那儿称为东珠，在当时是异常名贵的宝物。珠子不但硕大罕见，而且有的

第六章 官方的节庆和仪卫

是会发光的夜明珠。

皇帝穿的服装是绛红色,手里拿着元圭。玉辂车顶有镂金的大莲花叶子簇拥着,四柱的栏槛是缕玉的盘花龙凤,真是珍贵极了。车是用四匹马来驾驶,车上的皇帝宝座边只有近侍二人,另有一个号为"执绥"的侍从官在旁,是备顾问之职责。

挟辂车两旁的卫士,都裹着黑漆团顶的无脚幞头,穿黄色宽衫,内着青色窄衬衫、青袴,身系锦绳。在辂车后面有四个人行在马队之前,而在辂车之前又有身穿朝服的两个人,他们手拿着笏牌,面对着辂车倒着行走。

在太庙的住宿,警备与仪节如同在大庆殿一样,丝毫不得疏漏。到了三更天时,就准备动身行事。这时处理事情的都是宗室皇族的人。

宫廷乐队的音乐响起,皇帝面向着西方在大殿的东南角站着,那儿有一个朱红漆写金字"皇帝位"的牌子。接着要奉神主出室,然后各项礼仪行毕,仪卫护着车辂一行出了南熏门往城外而去。

城外南郊就是青城,过去这里是用青色帐幕搭成,画上砖瓦的图样,俨然是座青色的小城一般。到徽宗皇帝时就全用土木兴造,城里也仿照宫廷设有许多门,而且每门都还命定了名字,例如东偏门叫承和,西偏门叫迎禧,正东门叫祥曦,正西门叫景曜,大殿叫端诚;殿门也相同,前面的东、西门叫左、右嘉德,大内的门叫恭禋,有一便殿叫熙成,庭园的门叫宝华。

此行重要的地方是斋宫,宫周围有严密的防卫,而郊野一带更布防有裹紫头巾、穿红衣的军队千余人,还有行宫的巡检官领着兵马来往巡逻着,整个夜里都是戒备森严,一片肃然的气象。

三更天里出发往行大礼的郊坛而去;由青城南行不远,弯向西方约一里之地,那儿就是郊坛了。坛有三重的壝墙,先进入外壝墙东门到第二重里部，在南面有一个大帐幕，称为"大次"，是用来更换祭天礼服之地。皇帝要换上平天冠，冠有二十四旒，穿青衮龙袍，中单绣有朱红色的鸟，纯玉的佩带。

皇帝由两名近侍扶侍到坛前，坛下有一座小的帐幕，称为"小次"，里面是皇帝的宝座。坛的建筑共三层，有七十二级台阶上通。坛面的面积是三丈平方，通往坛顶上有四条踏道，正南叫午阶，东方叫卯阶，西方叫酉阶，北方叫子阶。坛上北面设有两个黄色的褥子，靠南的叫"昊天上帝"，这是祭祀的主要对象，靠东南的叫"太祖皇帝"，这是陪祭。另有两个矮桌子，上面放着祭典所用的礼品。

除去十余名道士负责登歌乐外，还设置钟与磬，其余就是些琴瑟及歌唱的人，处理事情的人手也只有三五人而已。在坛前设的宫廷乐器有几种，称为"宫架"，前面一列是编钟与玉磬，所用的架子与平常的乐器架相同，架方响得就比较高大些。编钟形状稍微褊些，分上、下两层在架上，架的两角有流苏为点缀。玉磬的形状有如曲尺，绳子是系在弯曲的部位，也是分两层挂在架上。

其次有三五面大鼓，每架用木头贯穿再立在一个架座上。又有大钟名为景钟，经过改良的鼓名为节鼓，有种像琴却较长的乐器，又有像筝也较筝为大的乐器，两头有节像箫管般的横吹乐器，有用土烧成圆弹形而开了许孔的，有像笙一样又较大的，像箫却有多管的，这些乐器似乎都不是平常所见者，但基本形式还可以看出。

在乐器架前立有两支高竿，乐工们集中在这之间，都是裹着如笼巾的介帻，红色宽衣。主唱的歌者声音清亮，绝非一般市井街坊唱流行歌曲的。舞者有两人，戴紫色冠，冠上有一横板，穿黑色衣、红色裙与鞋。

音乐响起，舞者先作文舞，手上拿着一个紫色的囊袋，装着

第六章 官方的节庆和仪卫

一个结有带子的笛管。接着作武舞,一手拿短稍;一手拿小牌盾,舞的人也多些,并且敲打铜铙、响环,以及像铜灶突一样的乐器。舞者的姿态有时像击刺,有时像乘云,有时像分手,等等。当音乐一起时,先要敲柷,这柷是用木头做成方形的壶状,上面画有山水图案,每当音乐起时都要敲打它,内外共九下。当音乐停止时则敲敔,这敔的样子如同一只伏卧之虎,背脊上有锯齿,一曲演奏终了,就用破竹枝来刮锯齿发声。

值班的礼官奏请皇帝登坛,在前导官躬身侧引之下,皇帝来到了坛前,陪祭的五使中只有大礼使可以登坛。所谓五使是沿唐代及五代时的制度,大礼使以宰相出任,仪仗使以御史中丞出任,顿递使以京都的市长(京尹)出任,礼仪使与卤薄使以学士或尚书出任。祭拜是先向正北方位拜跪酒,由殿中监这个官向东一拜呈上酒盏,然后再拜一次就起身,接着要往正东方位祭拜。由此可知登坛祭天的大礼,是朝两个方位祭拜的。殿中监是殿中省的主管,专门负责皇帝的衣食药服等,下面设有六个单位来分别掌理。

当皇帝一登上坛时,坛前的宫架所奏音乐停止,由坛上的乐队接着奏乐,所奏之乐大概是另起的曲调。同样地,当皇帝下坛后,就由宫架开始演奏,这时武舞上场,而皇帝就回到"小次"宝座上。

亚献、终献之礼也行同样的礼仪,当时由徽宗皇帝的两个弟弟来主持,燕王赵偲与越王赵俣。

第二次登坛,音乐是一样的。当跪酒完毕时,由中书舍人宣读玉册,玉册由左、右两人捧举着,舍人是跪着读册。皇帝下坛后仍然回到"小次"休息,接着又是亚献、终献之礼。

第三次登坛主要的是奉上玉爵盏,皇帝喝这杯中经过祝福的酒,这叫作"饮福"。然后行亚献、终献礼。皇帝站立在"小次"

之前,坛上开始收拾祭典所用的礼品币帛、玉册等,由酉阶下坛来。这些东西要拿到燎炉上去焚烧掉,燎炉在南墙门外,距坛有百余步之遥,高有丈许,焚烧时由一人在那儿点唱物品。

在三层祭坛的四条踏道之间,有祭十二宫神的十二个神龛,这是祭十二月之神。在内墙外又有祭天上百星的地方。祭祀时由执事与陪祠官在面向北方之处站定,当官架乐停止而鼓吹之乐未作时,内外数十万人都寂静无声,一片肃然,只听到环佩在轻风中的响声,再就是司仪的呼喝之声,司仪喊着一拜,所有的人也就跟着一拜,这样子把大礼举行完毕。

大礼完毕后就是回驾。皇帝穿着祭服由"小次"回到"大次",这之间是由近侍们以二百余支烛火形成的围子来行进。在"大次"更换了衮冕,登上大安辇。这种车子如同玉辂车,但较大些,而且没有轮子、四边垂着四条大带。辇官们的服装与挟路仪卫一样。

皇帝才坐上辇车,教坊早已在外墙的东、西两面布置好,由钧容直这个军乐单位先奏乐,还有一名武装士兵舞曲,然后由教坊进口号,接着音乐响起,各军单位也随着鼓吹之声行动起来,场面浩大,声震天地。

回到青城,天色尚未破晓,文武百官们都穿着常服去恭贺皇帝。饮完皇帝所赐的茶酒后,护卫仪仗在鼓吹声中浩浩荡荡地开进了南熏门。由城里的御街大道开始的数十里地之间,花彩的帐幕、看棚如鱼鳞般地排列,没有丝毫的空闲之地,这都是为了争睹难得一见的郊天大礼啊!

郊礼完毕后还有一项重要的事情,那就是按规定要举行大赦,地点是在宣德楼。

在楼前树立几口大旗子,其中有一口最大的与宣德楼齐高,称为"盖天旗",这旗就立在御街中心不动。其次有稍小的一口,

第六章 官方的节庆和仪卫

随着皇帝身傍而立，称为"次黄龙"旗。但在青城、太庙等地随着皇帝而立的旗，一般也称为盖天旗。

楼前也布置了乐团，不久传来击柝之声，接着树立起鸡竿，竿高十余丈，竿尖有一大木盘，上有金鸡，鸡口衔着一条红色幡子，上面写着皇帝万岁字样，在盘底有彩绳四条垂下。四个头裹红巾的人由这四条彩绳爬上，看谁先取得金鸡与红幡，然后受赏高喊谢恩而退。这个鸡竿的典故称为"金鸡肆赦"，起源不能确知，大概起于南北朝时期的北方，有的认为天文星象中有天鸡星，凡天鸡星动就有恩赦，有的认为鸡在八卦中属巽神，主号令，故宣布号令而采鸡为象征。总之，是传之已久的故俗。

在楼之上有红色棉索一条通到彩楼，赦书由此传达，宣读赦书是由通事舍人这个官来担任。都城开封府与中央大理寺两单位把罪犯排列好在楼前，这些人犯都穿着红线缝制的黄布衫，插戴鲜亮簪花的狱官在旁，听到鼓声一响，就把枷锁打开，放出犯人，犯人们当然还得高声呼喊谢恩。

在恩赦之时，楼下钧容直乐队表演舞蹈、杂剧，御龙直单位表演鬼神戏、真刀枪等。楼上的百官有皇帝所赐的茶酒。恩赦完毕后，各单位整顿车马队形各归营房。

大楼后附带的还有到各宫的行谢之礼。选择一个黄道吉日到景灵东、西宫行致谢之礼，一共是三天。第三天礼毕后，皇帝就开始到其他的宫观去游览，或者到大臣家中去走走看看。这时节里市面上到处都充满着糍糕、鹑、兔肉的叫卖声，而十一月就如此度过了。

寒冬另有国家的大典礼，就是冬至的大朝会，这在朝廷而言是很重大的日子，孟元老只谈了几句，在下篇中我们再来看。

第七章 民俗与节日

第七章 民俗与节日

一、春的气息

正月一日的年节谓之元正，与寒食、冬至是京都的三大节日，要放前三后四共七天的假。开封府还特别准予开放赌博三天以示庆祝。城中居民自一大早就开始相互庆贺，恭喜之声不绝于耳，这个中国人的传统至今不变。祝贺之礼如果不能亲临，也和现在一样会留个名片之类的给对方，不过那时是派仆人奔走投送的。

年节最令人感兴趣的，在那时的京都中似乎是赌博。大街小巷中充满各种食物、器械、果实、柴炭之类，喊叫着拍卖，这都是有赌博性质的买卖。最有名的"赌场"是在马行、潘楼街、城东的宋门外、城西梁门外的甬道，城北封丘门外，以及城南地区，看来四面都有赌场聚会之所，人们真是独好此道。

赌场的确吸引人，结着彩棚，陈列着冠梳、珠翠、头筛、衣着、花朵、领抹、靴鞋、玩好之类。此外还有些舞场、歌馆娱乐之地，声色犬马所在，车马交相争驰，出入异常频繁。

到傍晚时分，富贵人家的女子也出动了，她们公然进出赌场观看，又随意出入市面的饮食店。在京城这种行为举止已成为习惯，没有人会有什么指点批评的，看来那时民间还相当开放。寒食、冬至等节日的情形也是一样。

一般小民或许贫穷些，但在过年时也是把衣着洗洁光鲜，饮酒相贺一番。

《梦华录》记载年节的几天就如上述，似乎对这个重要民俗日着墨太少。接着记下了初十日的立春。

在立春前一日，开封府要进献春牛入宫廷去"鞭春"，"鞭春"又叫"打春"。中国以农立国，牛自然是耕作的主体，鞭春表示春天到了也是农耕开始之时。从其他记载中知道，在这天宫廷中以春盘与酒赏赐给一些亲近的大臣们，春盘内有烹熟的猪肉、白熟饼、大环饼等物，这些饼比一般民家要大许多。民家也用春盘相互赠答，而且有花园的人户还送花盘为礼物，盘中放的就是花。在春盘内有些生菜、萝卜等为衬饰，青色、白色陪衬起来显得秀色可餐。

开封府所辖的开封、祥符两县也预备好了春牛，在当日清晨就"打春"。按习俗是拿根棍或杖来打牛，大概其他地方州县也有这习俗。打完牛可能要宰杀，牛肉分给民众，故而有的记载上说，民众为了抢牛肉常造成受伤事件。

在开封府衙门附近有百姓卖小春牛，小牛关在有花边装饰的栏圈内。栏上还列有各种戏剧人物的图像，也是卖给民众拿去赠送的，这是当时的习俗，叫"花胜"或"幡胜"。多是用剪彩或金箔镂制，成人形或燕形，用来贴屏风或者戴在鬓发旁，不过有的记载上说从元日正旦就有这习俗，有的是说正月七日的"人日"开始，而立春是较普遍的。但这种原多是剪贴的习俗，也有人刻意讲求，或雕刻绘画，或用金银制作，或者以珠翠装饰，真是穷极工巧而珍贵之至。

《梦华录》里也说到宫廷里赏赐这种"幡胜"，凡宰执、亲王、百官都受赐金银制作的"幡胜"。

值得一提的是许多诗帖句子中也透露这春"幡胜"的消息，不过用有色的绫罗绸缎等剪成燕子形状的较多，都是给妇女们戴的，赠送这种小装饰品相当流行，佩戴的也很普遍，当然其中不乏含有情意的。现在举几个宋代的诗帖句子来看：

彩燕迎春入鬓飞，轻寒未放缕金衣。（王沂公）
不惊树里禽初变，共喜钗头燕已来。（欧阳永叔）
汉殿斗簪双彩燕，并知春色上钗头。（郑毅夫）

十四、十五、十六三天，京城里特别热闹，是元宵灯节之故，在前篇官方节庆中已谈到，那是有皇帝参加的景象，在这里是看民间的一些情形，两部分相似而应互为参看才好。

元宵灯节从十四至十八共五天，其他各地只有十四至十六日三天。京城增加的这两天，孟元老说是徽宗皇帝下令延展的，但根据其他记载中又有两种说法。一是说当宋初吴越王钱俶归顺时，不但把土地献上，而且将财富也献上，因而买得了这两日。一是说太祖皇帝见丰年太平，有意使民众安逸享乐，特别下诏多加两日灯节。大概三种说法中以太祖下诏较为可靠些。

其次是与上元并称三元的中元、下元两节，孟元老没有特别注意到下元，也没有提到这节的情形。原来在宋初时三元都没有夜禁，准民众通宵玩乐，皇帝也到城楼上观赏节庆，张灯结彩也相同。但在太宗皇帝的后期，中、下元节都不再张灯，自然气氛大减而热闹不起来了，这大概是《梦华录》中不提此两元的灯火之故吧。

假日方面还可以补充一些数据做参考，在宋人所写的书中，记载了北宋各节日的天数；最多放七天假的是元旦、寒食、冬至三节。其次是放五天假的元宵以及皇帝生日的天庆节。天圣节、夏至、先天、中元、下元、降圣等节以及腊日，各放假三日。立春、人日、春分、春社、清明、上巳、立夏、端午、初伏、中伏、立秋、七夕、末伏、秋社、秋分、授衣、重阳、立冬以及天祺、天贶两节，上、中、下旬等，都是一天的假日，以上一年共有七十六天假日。就这些假日来看，《梦华录》中所提到的只有一部分，不过一般较重要的节日并没有忽略。

在前一年的冬至后，官方已开始着手欢度元宵节的准备工作，其中重要的是立山棚，也就是彩山或灯山。山棚以木材缚架而成，地点是宣德楼的正面，这是为点灯之用。根据其他宋人的书中说：彩山是由开封府的仪曹与中央的仪鸾司两单位共同负责，到徽宗皇帝的崇宁年间（1102—1106年）又以开封府与中央的殿中省来共同负责。在大观元年（1107年）开封府首长（府尹）宋乔年在彩山中立了个大招牌，上面以金字书写"大观与民同乐万寿彩山"，此后成了惯例，都用年号来立写招牌了。

山棚开始搭建时，已有游人到御街两廊下来参观了，自然各种买卖与演艺也都愈来愈集中。各种奇术异能表演，歌舞百戏，排比接连着，音乐之声，嘈杂至十余里之地。其中不乏踢打球技、走绳索、爬竿子等。另外还有许多名家技艺，如赵野人的倒吃凉粉，张九歌的吞铁剑，李外宁的药发傀儡，小健儿的吐五色水、旋烧泥丸子，大特落的灰药，榾柮儿的杂剧，温大头与小曹的嵇琴，党千的箫管，孙四的烧炼药方，王十二的作剧术，邹遇与田地广的杂扮，苏十与孟宣的打球技艺，尹常卖的讲五代史，刘百禽的虫蚁玩弄，杨文秀的鼓笛等。

除去这些当时的专业名家外，还有一些耍猴戏、鱼跳刀门、使唤蜂蝶、追呼蟋蚁等对动物昆虫的训练特技。其余卖药的、卖卦的、沙书地谜等奇巧妙法，也绝不甘落后而纷纷云集。

正月七日那天，灯山上面开始结彩，一片金碧相映、锦绣交

第七章 民俗与节日

互呈辉,装点得富丽堂皇。尤其面北那边全是彩结,还有许多图案如神仙故事,或街坊中卖药、卖卦的人像。灯山横列有三个门,都有结彩的金字大招牌,中间的写"都门道",左、右为"左、右禁卫之门",正面上头的大招牌是"宣和与民同乐"。"宣和"正是徽宗皇帝最后的一个年号,我们知道没有几年北宋就亡国了。

灯山的左右有用彩结成的文殊、普贤二佛像,还有跨着的狮子与白象,而且手掌五指会流出水来,手也是摇动的,真是匠心独具。此外,还造了个人工瀑布,先用辘轳绞水上灯山顶端,以木制大柜放水,然后慢慢放流下来而成。

在左、右门上各用草把缚结成戏龙之状,而且草上掩藏有成千上万的烛灯,再以青色的布幕遮盖起来,灯火一亮,看去真如双龙透空飞跃一般。这个构想的确极巧。

"棘盆"就是从灯山到宣德门楼的横大街之间,约有百余丈,用棘刺围绕起来,有如大盆的形状。在其中设立起两支长竿,高有数十丈,再用纸糊成百戏的人物形象,以彩带结悬于竿上,风吹起来就像飞仙在空中一般。在"棘盆"中没有乐棚,这里是官方的乐团来作乐演戏,以及城厢的左、右军的百戏表演,另外有一座看位,是专供皇帝驾临时观看之所。

在宣德楼上都垂着黄缘,垂帘之中有皇帝的宝座,上头是用黄罗搭成的一个彩棚,帘子外头有禁军中御龙直这个单位的卫士,他们拿着皇帝专用的黄盖与扇子。在旁边的两座朵楼,各挂上极大的灯球一枚,有丈余方圆,里面燃着大烛,非常壮丽。从楼上帘子里面传来音乐轻奏,加上宫廷嫔妃们的嬉笑之声,在楼下都可以清楚地听到。

楼下用枋木垒造成一所露台,栏槛上结满彩带,台上两旁全是禁卫军站立,他们面对着乐棚,身穿锦袍,幞头上有皇帝赐的簪花,佩带着骨朵子,骨朵子就是挝剑之类的武器,他们应该是属于禁军中"御龙骨朵子直"这个单位了。

教坊乐团、军方钧容直乐团、露台弟子等,更相表演杂剧。除去在近宣德门之处还有值班士兵外,所有百姓全在乐棚下观看,而演艺人员在表演之余,不时地引导着观众们来个高呼万岁。

五天的元宵假日虽然在收灯那天结束了,但都城的人游乐兴致还是很高;因为春的气息已传来了,所以大家都要出城去探春。《梦华录》里特别有一段记载探春的情形。

探春的地点似乎很多,其实都是郊游胜地。探春本就是踏春、郊游,也是踏青之意。那么京都的人要到何处去寻觅春的消息呢?这些地点就是孟元老记载的重点。

在城南有玉津园外的学方池,那里有亭榭之美,以及玉仙观胜地。从转龙湾西去有一丈佛园子、王太尉园,奉圣寺前还有孟景初园,这些都是花园供游之地,在四里桥的望牛冈是个小山坡地,附近还有个剑客庙。若从转龙湾东去到陈州门外,那儿花园、馆亭更多。

在城东宋门之外,有快活林、勃脐陂、独乐冈、砚台、蜘蛛楼、麦家园等地,以及虹桥的王家园。在曹、宋门之间有东御苑,这大概是皇帝的私人花园,或者此时开放供人游乐,另外有干明、崇夏两个尼姑庵。

在城北有李驸马园、模天坡、角桥、仓王庙、十八寿圣尼寺、孟四翁酒店等,都是郊游寻春的好去处。

在城西走新郑门大路,直过金明池西边的道者院,院前尽是妓馆。往西有宴宾楼,这里有亭榭为悠游之所,又有曲折的池塘,

第七章 民俗与节日

池上秋千画舫以及小舟,供酒客买棹游赏。相对着祥祺观,可以通到板桥,那儿有集贤楼与莲花楼,这两楼是官方河东、陕西等五路的别馆,平常迎送往来都在此地举行酒宴。过了板桥,有下松园、王太宰园、杏花冈等景色。从金明池角往南走,经过水虎翼巷附近的蔡太师园,以及南洗马桥西巷内的华严尼寺,在王小姑酒店北方金水河畔的两浙尼寺、巴娄寺、养种园等地,四季花木繁盛,历历可观。往南去有药梁园、童太师园。再往南去是铁佛寺、鸿福寺和东、西柏榆村等地。

在城西北原有庶人园,内有创台和亭榭数处,那儿似乎还有飞曲流觞的景致,供人探春欣赏。

大体上而言,在京都附近以花园为多,百里之内没有荒地。开春之后,郊野逐渐地感觉到春色,气候也逐渐晴和温暖;万花争着要出来告诉春的消息。粉墙边的细柳也露出嫩芽,它斜倾的身姿,使得枝条笼罩住有野花草的田陌,大地上是芳草如茵、杏花如绣,男女赶着到处去探看这春的到来,于是香轮骏骑辗转所至,必是春光最明亮之处。一切都与春牵连上关系了,树上有黄莺啼鸣,晴空是群燕飞舞,在宝榭层楼上有拨弄音乐的红妆,在画桥流水处有歌唱吟哦的少郎,真是春意十足。举目望去,秋千上不时传出轻巧的笑声,触眼所及,到处都有踢球的欢喝。寻芳选胜最是此刻时节,而在春寒料峭之时,相继而来的就是清明时节了。

"清明时节雨纷纷",这是大家都熟悉的句子,写的似是江南的景色。在北方,当时重视的是寒食。孟元老说,京都以冬至后的一百零五天为大寒食,但也有以一百零四日为寒食的,而且有以寒食为一月节,就是说从寒食那天以后,民间修坟、祭祀整月不断,似乎一个月之内都有人在过寒食节。

在寒食的前一天称为"炊熟",民间多用麦或糯米做好食物以备往后三天的禁炊,也有用面粉做成燕子形状的饼,以柳条串起来插在门楣上,这叫作"子堆燕"。若家中子女及笄之年,也在这天来"梳头"。

寒食的第三天就是清明,新坟都是在这天来扫拜,京城的居民纷纷出城去扫墓了。

宫廷里在半个月前就派出车马去祭扫陵墓,宗室及近亲子弟也分别被派往祭祀,跟随去祭陵的人都穿着官方提供的紫衫与白绢三角子青行缠。在清明那天,宫廷中派出车马,到奉先寺、道者院等地去祭祀宫人的坟。车马相当考究,金银装饰与锦额珠帘外,还有用绣扇双遮与纱笼作为前导。

京都各城门挤满了人潮,卖纸钱、纸马的店铺生意非常兴旺,当街还用成扎的纸钱叠成楼阁的形状。在郊野显得异常热闹,有如市集一般,往往在树下草边或庭园之中,摆上杯盘来相互劝酒,简直像出外郊游似的。

在园亭之中满布男男女女,他们携带着枣䭅饼、炊饼,还有黄胖、掉刀等名称的食饮,加上花朵果实、鸡鸭与蛋,以及游乐的戏具等,这些称为"门外土仪"。到郊外扫墓顺便作春日之游,多半要到日暮黄昏方才归家。

大寒食后的三天都是出城上坟的人潮,最盛的景况仍是寒食那天。出城的轿子都以杨柳、杂花等装簇在顶上,四周还垂下来以为遮荫。在市面上卖的也是应节食物,如稠饧、麦糕、奶酪、乳饼之类,这些也就是其他记载中所说寒食的醴酪。醴就是麦粥,也就是稠饧;酪就是酪饼之类,也有用猪肉煮烂,稠冻之后与饼一起吃食,这种肉冻叫作"姜豉"。

回到都城里时已见斜阳在柳枝之后,大家喝了些酒也都各自归家,晚间的明月依然照在梨花之上。军方入城还有可观之处,他们跨在马上吹奏着音乐,四处游走,这特别称为"摔脚",倒是不知有何解说,不过他们旌旗鲜明,军容雄壮,也是一番景色。

春天的乐趣,清明以后在京都就剩下三月份了,在前面已经描写出金明池开放的情形,这样看来春光确是被京都官民所深深重视的。

二、夏日寂寥

京都的夏天并不是完全寂寥的,只不过与其他季节比较起来就显得静默多了。在《梦华录》里关于京都的夏季只用了甚少的篇幅来报道。看来古今夏日,人们似乎只求清凉无汗,不愿多作扰攘热闹。

金明池开放一月有余,整个春天的精华都尽情地展透,直到四月八日闭池,好像春光被迫隐藏起来了,实则不然。闭池那天是"浴佛节",而节令也已到了夏季,属于春光的已宣泄殆尽了,属于炎夏的正迫不及待地接踵而来。

佛生日这天,京都十大禅院各有浴佛的斋会。民间纷纷煎熬香药、糖水相互赠送,称为"浴佛水"。这时节气候清和,天光亮朗,院落里已可见火红的榴花,莺鸟鸣唱好像在求友伴似的,亭轩之间的细柳飘垂,燕儿们带引着小燕子乍然飞过,初夏的景色大致如此。

在京都的七十二家正店酒楼,刚刚开始卖出煮酒,使得街市换上新的气氛；但夏日饮酒也只有在城南的清风楼最为舒适。品尝着初上市的青杏，再来点不多见的樱桃，加上良友嘉宾，不免引发了酒兴。

这个月份茄瓠也是新上市，东华门那儿争先抢购，都打算领先进贡入宫，以备宫廷尝新。茄瓠一对可值三五十千文，新货抢手，价格也不便宜。其他应时的水果有御桃、李子、金杏、林檎之类。

浴佛节好像不被孟元老所重视，没有多加描写；在他人的笔记中却说得不少。原来当时南方人所过的浴佛节是四月八日，而北方人却在腊八这天。当仁宗皇帝的皇祐年间（1049—1053年），有员照禅师来到京都，从此北方也改用四月八日为浴佛节了，但腊八仍保持浴佛之俗。

这天，相国寺是最热闹的聚会之地，京都的人都聚集到此。僧人布置好了场地，在佛殿前放了一个四尺多宽的金盘，上面盖有销金龙凤、花木图案的紫巾。又有小方座与经案、香盘等应用之物，所用的锦绣褥垫等，质料与手艺都是精巧珍贵之物。吹螺击鼓、花香袭人之中，迎出一座高二尺多的佛子，金饰的外形，一手指天，一手指地，但不知是用什么制作的。

佛子在金盘中，僧人开始做佛事，声响喧嚷无比，人们也纷纷地祈福起来。但见佛子在金盘中绕走了七步，使旁观之人惊愕异常，大概是药傀儡之类的把戏。等把紫巾从盘上揭开时，居然有个九龙形状的喷水龙头，喷出来的香水满了金盘时就停止，由一个僧人用长勺取水来灌洒在佛子身上，这就是浴佛了。观众争先恐后地讨取这浴佛水用来饮漱。浴佛节大致情形应是如此。

端午节是夏季里头的大节日，今天我们说一年三节，当中就有端午。孟元老记的端午偏重于应节的物品。他说当时的节物有百索，这原是由装饰门户的朱索演变而来。在宋代是把它系在手臂上，也有用各种彩色丝线结成纽状成百索纽，与现在缠成的小粽子相似。此外有艾花、银样鼓儿花、花巧画扇、香糖果子、粽子、白汤圆等。

另外有人记载《梦华录》中所说的这些物品，同时还指出在京都中买卖的情形：鼓、扇、百索等的市场，有潘楼下、景丽门外、梁门外、朱雀门内外、相国寺东廊外，这些地方自五月初一开始，富贵人家多系乘车采买。鼓都是小鼓，制作也有几种规格。小扇子有青、黄、红、白等色，或者有绣、画、缕金、合色等不同。尤其在端午的前两天，东市场那儿简直是个扇市，车马拥挤不堪。

香糖果子是指菖蒲、生姜、杏、梅、李、紫苏等细切成丝，加盐后暴晒为干，这叫作"百草头"。另外有种酿梅，就是把这些果干用糖蜜浸渍，放到梅皮之中而成。这些是最通常的端午果子。

粽子是用菰叶包成，本名叫"角黍"，俗称为粽子，当时有如枣、糖、松栗、胡桃、姜桂、麝香等在内的。煮粽如果用烧艾草的灰调水淋煮，煮好的粽子颜色呈金黄色，所谓"角黍包金、香蒲切玉"就是如此。而粽子的种类似乎也有几种名堂，有角粽、锥粽、茭粽、筒粽、枰锤粽、九子粽等，形态与制作皆有不同。

其次再看《梦华录》里的记载：通常家中有用红色盒子装了些零食，是把紫苏、菖蒲、木瓜等细切成丝，配和香药一起，这成为端午的特别食物。桃、柳叶、葵花、蒲叶、佛道艾等植物枝叶，是从五月一日就开始卖了，到端午那天，家家户户都插挂起来。粽子、五色汤圆、茶酒等是招待客人的主食。另外还有一个特别的习俗，就是在门上钉艾人。

艾人是用菖蒲刻成人形或葫芦形，传说有避邪作用，也有人带在身上,在宋代相当流行,如王沂公有这样的句子:"明朝知是天中节,旋刻菖蒲要辟邪。"秦少游也有词句云:"粽团桃柳,盈门共垒,把菖蒲旋刻个人人。"

还有一种"天师艾",就是用泥塑张天师像,以艾为头,以蒜为拳。这也是用来避邪而放在门户之上的。

《梦华录》里记载夏天最热闹的节庆是神保观神的生日,这一天是六月二十四日。在此前还有个崔府君生日。

六月六日是城北崔府君生日,这是个祠庙,相传是唐代一个县令死后成神,专管阴间幽冥之事。大约在宋太宗淳化年间(990—994年)京都有了这个庙,不久因公主来求愿得验,于是赐庙名为"护国",仁宗皇帝的景祐二年(1035年)封之为护国显应公。

这个阴间之主的生日,香火相当旺盛,大概人们都不免心存讨好之意吧。而神保观神的生日更是热闹非凡。

在城西万胜门外一里许之处有灌口二郎庙,这就是神保观。灌口二郎神是大有来头的,他是祭祀秦代李冰的次子郎君之庙,在神宗皇帝元丰年间(1078—1085年)所立,祠庙的牌子是"神永康导江县广济王子",广济王就是李冰,他的次子郎君宋代封为灵惠侯,神保观是皇帝赐的庙名。

二十三日那天,宫廷后苑作与书艺局两单位要呈上一批物品,它们是球杖、弹弓、射器、鞍辔、衔勒、樊笼等,制作自是精巧不论,这批东西不是呈给皇帝用的,而且列在皇帝面前,再吹奏着音乐送到神保观去的。庙殿前设露台,有教坊与钧容直两乐团在台上的乐棚中,连番表演杂剧及舞蹈。宫廷中的太官局负责饮食,一个晚上提供了二十四批酒菜,分节次摆了出来,手艺惊人。

到二十四日的五更天时,大家都争着烧头炉香,为了这第一

第七章　民俗与节日

炉的香火，有人甚至前一天晚上就睡在庙里，以便夜半起身抢先。天一亮，各政府单位以及民间各行业纷纷赠献香火财物。庙的社火就在露台之上，露台也就成为收置财物之处，那里的财物之多动则以万计算。

从一大早就有百戏表演，如上竿、跳跃、跳绳、相扑、鼓板、小唱、斗鸡、说诨话、杂扮、商谜、合生、乔筋骨、乔相扑、浪子、杂剧、叫果子、学像生（相声）、倬刀、装鬼、牌棒（武打）、道术（戏法）等，真是百戏杂陈而各色各样。这些百戏可以参考前面几章中的说明。

百戏从早到晚似乎表演不尽。在庙殿前有两支高竿，上有幡旗，左边的一支是京城所这单位所设立的，右边的是修内司这单位的，这两单位都与工程有关，故而其中的搭建竹木的高手，正要在这方面来露一手。在竿尖顶上有块横木，在上面表演装鬼神、吐烟火等技术，看得令人心惊肉跳而叹服不止。

整个炎热的六月天里，各种食物、瓜果等都看得出配合着节令。孟元老开列了不少的时物给我们参看：

不论街头巷尾都能看到的是大小米的水饭、炙肉、干脯、莴苣笋、芥辣瓜儿、义塘的甜瓜、卫州的白桃、南京的金桃、水鹅梨、金杏、小瑶李子、红菱、沙角儿、药木瓜、水木瓜、冰雪、凉水荔枝膏。这些东西都是当街摆卖，就放在青布铺上的床、凳之上。其中冰雪大约就是储存冬天的冰块。在旧宋门外有两家生意鼎盛，而器皿也用考究的银器，使得食品与器皿相互辉映，大起噱头的情趣。

另外还有沙糖绿豆、水晶皂儿、黄冷团子、鸡头穰、细料馉饳儿、麻饮鸡皮、细索凉粉、素签、成串熟林檎、脂麻团子、红豆砣儿、羊肉小馒头、龟儿沙馅等。

三伏的节令京都人相当地注意，因为夏季没有什么节日，所以人们只有自己悠闲凉爽一番。他们往往在风亭水榭峻宇高楼之间，点些沁凉的冰块，或者冷水浸过的瓜果，要不就是在流水清凉之处，喝杯酒、尝个鲜。总之，京都的夏日是相当地寂静，这是指热闹的节庆大典而言，然则城里远近的笙歌，时或到天明才歇止。

三、秋兴正浓

　　秋季的第一个节日是七夕，这是夏尾秋初之际，当夏秋之交故而含有夏末的影子，但已平添上一分秋凉了。宋朝初年民间过的七夕是七月六日而非七日，于是太宗皇帝在太平兴国三年（978年）七月特别下诏更改，使七夕能名副其实。民间的初六度节在唐代似乎没有这个说法，可能是在五代产生而相沿到宋初，大概与北方每逢三七日不食酒肉有关。这是道教的禁例，或许因之提前一天度佳节，可以吃喝助兴了。

　　《梦华录》中记七夕一开始就提到京都许多地方卖有"磨喝乐"，这似是佛家经典中的名词，但不能确知其详。民间称为泥孩儿，南方人称为巧儿，用泥塑成大小不一的小孩儿样，价格并不便宜，或加饰男、女服装，也有用珠翠、金银装饰的，所以其间价值出入很大。当时以南方苏州所制的最为精巧，号称天下第一，因之也进贡入宫廷，贡入宫廷的都用金银制作，奢侈已极。民间还流行赌泥孩儿，节庆之日的赌博似乎必少不了。

第七章 民俗与节日

孟元老对于"磨喝乐"说得很清楚。它是小型的泥塑偶像，外面框上彩色雕木的栏框，或者用红纱罩的碧绿色笼子来装置它，有的带金珠牙翠装饰，一对可以值到数千文。

不论宫廷、显贵之家、普通民户等都同样地热衷于应节时物的追求，除去"磨喝乐"之外，又有"水上浮"。这是用黄蜡做成凫雁、鸳鸯、鸂鶒、龟鱼之类水上或水中浮游的动物形状，再加以彩色或金缕而成。若用块小木板，上面放些泥土，种粟在土中发芽，同时做些袖珍型的小茅屋、花木等，以及一些农村人物，完全是乡野的小模型，这叫作"谷板"。如果用瓜类来雕刻成各种花样，称为"花瓜"。这些都是民间艺术。

还有"果实花样"，是用糖、油、面粉等制作零食，但是弄成人形花样等，千奇百巧，各逞手艺。例如有一种"果食将军"，就是做成身披甲胄的门神将军形象，往往在购买一斤的果实之中就会发现这种花样，也不知道根据什么故事，反正是流传下来的习俗。

另外有所谓"种生"，用绿豆、小豆、小麦等，在瓷器皿中用水浸泡，把发出来寸许的苗芽，用红、蓝色的彩带捆束起来。有的记载与孟元老所说略有出入。说要在七夕前的十天开始动手，每天还得换水一两次，大概发出的芽有五六寸许就能直立起来，这时可以移植到小花盆中，到了七夕当天可长到一尺多高，这成了"生花盆儿"。这两类的"种生"都可以买卖，就在街上搭设彩帐出售起来。

在七夕前三五天，街市车马不断，满路都是绮罗彩带。都城的人似乎特别喜爱双头莲，做生意的人当然懂得投其所好，把尚未开放的荷花折取来"制造"，假的双头莲做得惟妙惟肖，很受来往行人的欢迎，但也不过是买回家去看看玩玩而已。

小孩子们特别穿上新衣服，兴高采烈地拿着新鲜的荷花叶，这是学"磨喝乐"的样子，制作出来的泥孩儿模样光鲜，手中也是拿着荷花叶。

七夕应时的各种物品在京都有特定的地方买卖，这些地方可称为"乞巧市"，它们在潘楼街、东边旧宋门外瓦子、西边梁门外瓦子、北门外、南面朱雀门外街市，以及马行街市上，一般都认为潘楼街是其中最大的"乞巧市"，车马喧闹至夜里才散。

初六、初七两晚，富贵人家都在庭院里结搭彩楼，这就是"乞巧楼"与"仙楼"。"仙楼"陈列有雕刻的牛郎织女、仙橘、众仙的像。"七巧楼"，摆设了"磨喝乐"、花瓜、酒肉、笔砚、针线等，儿童们在这儿比赛作诗，女郎们在这儿竞露手艺，同时烧香拜拜。"乞巧"最有名的就是妇女们在月光之下穿引针线。还有把小蜘蛛放在盒子内，第二天来看它所结的网，若是网呈圆正的形状，就表示"得巧"了，也就是所乞求的巧得以灵验之意。

风化之区也在这天大张艳帜，神女们纷纷倚门争丽，奢侈相夸。

七夕之后接着就是中元节了。

七夕一过已有中元的气氛，各种剧团乐队先就演出"目莲救母"的杂剧，直到十五日为止，观众是一天比一天多。

在中元的前几天，市面上就开始有应节的时物买卖，大体上生意人总是对各种节庆的反应最为敏感，而过节的气氛也因之被烘托出来。各种冥器统统摆上市面，还有纸、布制作供祭拜用的靴鞋、幞头、帽子、金犀假带、五彩衣服等，这些东西都用纸糊成的架子放着出卖。市场仍然是潘楼以及城东、西的瓦子，其热闹的场面也如同七夕一样。

第七章 民俗与节日

热闹的地方还卖各种果食、"种生"花木之类，又有专门印卖"尊胜目莲经"，以及一种"盂兰盆"，这是用竹枝砍劈成三个脚的架子，高有三五尺左右，上面放置竹编的窝盆，挂放些衣服、冥钱等，一起用火烧化。这是根据《盂兰经》中的说法而成的习俗，就是目莲救母要在十五这天准备百味、五果等于盆中，以盆来供奉十方大德，这样借众僧佛之力可以救陷在饿鬼群中的目莲母亲。后来渐渐在民间演变成用竹架甚至考究的竹编篮盆，加上目莲尊者的画像等，这些东西祭拜完毕后要全部焚毁。各寺庙也在这天大做"盂兰盆斋"或"盂兰盆会"，这习俗早在南北朝时期就开始，而"盂兰"就是解救苦难的意思。

中元前一天，街上卖大量的"练叶"，这是祭祀时用来铺陈桌面的叶子，有的称作"楝叶"，七夕时节也卖这种叶子。还有卖"麻谷窠儿"，用以系在桌子脚上，告诉祖先秋天收成的意思。又卖鸡冠花，称为"洗手花"，这花也是用来祭祖先的。京城都是些儿童们在卖花。

中元当天，祭祀祖先是用素食。天刚黎明就有沿门叫卖穄米饭的，还有卖转明菜花、花油饼、馂䭔、沙䭔之类的食品。若在城外有新坟的人家，这天也像扫墓般出城祭拜。

宫廷之中也派专人往道者院去祭坟，而本院官也赏给祠部度牒十道，在那里设祭祀大会场，焚烧堆积如山的纸钱，祭阵亡将士的军魂，并设下许多孤魂野鬼的道场，诵经做法事。所谓度牒是佛、道等出家人的凭证，可以算是一种身份证。全国的僧、道等名籍是由中央的祠部来管理，度牒也由这里印发出去。宋代的度牒是可以买卖的，有一道空白度牒等于有一张可以卖钱的证书。拥有度牒表示属于僧、道的名籍，这样可以免除许多的税捐、杂役等，享有许多优待，所以民间竞相购买，政府也可生财有道。好处是政府赚钱，坏处恐怕较多，不但养成人们投机与享特权的心理，逃避的税役等自然要转嫁到其他人们的身上了。至于度牒的价值是不定的，下面有些数据可供参考。初卖一纸为一百三十千文，即一百三十贯，数额有定而不得超过，民间购买的大致在神宗皇帝熙宁元年（1068年），一年大约有三四千人，后来限额为一万，价格先涨到三百贯，后降至一百九十贯，又渐升为二百二十贯。到徽宗皇帝时每年卖出三万纸，由于新旧积压，加上政府恐怕发行过滥有意停卖及追回，价格与数量就紊乱了。

中元之后是立秋，那天满天叫卖楸叶，尤其妇女儿童们特别喜爱，把楸叶剪成各种花样来戴在头上。

食物方面是瓜果、梨、枣最多。在京城的枣子分成几种，有灵枣、牙枣、青州枣、亳州枣等。最著名的是栗子，当时俗称为鸡头，以梁门内的李和为最负盛名；不但达官显贵大批地购买，连宫廷里也频频索买，只见用金盒装的栗子络绎不绝地送入宫中去。通常人来买它一包，需花费十文钱，算是相当合理的价钱，用小的新荷叶包起来，其中掺上一点麝香，芳凉无比，外头再用红色小绳子系起来，倒也小巧可爱。卖这种栗子的店家虽然也很多，但总不及李和家。

八月秋社日，社糕、社酒是往来赠送的通常物品，各寺庙宫院也以"社饭"来招待客人。有些人家的社饭比较精致，是把猪羊肉、腰子、你房（宋代美食）、肚肺、鸭饼、瓜姜之类切成小片，加上调味料，然后铺在饭上制成。

妇女们这天要返娘家，到晚上才回，同时带了外公、姨、舅等所送的新葫芦儿、枣儿等，这是俗称为"宜良外甥"的习俗。

教书的先生们收集了学生缴交的金钱来做集会，雇请许多人

第七章　民俗与节日

手帮忙，另外有白席人、歌唱演艺人员等，这个"秋社会"完毕时，参加的人还带回一些花篮、果实、食物、社糕。

"一年容易又中秋"，在中秋节之前，各家店铺开始卖出新酒，门面也重新装潢，彩楼漆上新的修饰，其他挂招牌的竿、旗等，无不新鲜亮丽。京都的人真是好饮，喝到中午过后就把酒给喝光了，酒店家家无酒，只有提前打烊了。

这时节新蟹上市，其他还有石榴、榅桲、梨、枣、栗、葡萄、橘等也都是新上市的，中秋能尝到新出的果物，很能增加过节的气氛。

中秋夜，过节是重在晚上。富贵人家早就搭好有彩带装饰的台子，这自是供赏月之用，民间也争先上酒楼占个赏月的好位置。歌乐之声充满了整个都城，尤其靠近宫廷的居民，夜里依稀听到笙歌由远处传来，好像天上仙乐飘送至人间一般。邻里儿童通宵嬉戏，夜市喧闹直到天晓。京都在这天真正成了不夜之城。

重阳是秋季里最后的一个节日了。九是阳数，九月九日是两个阳数，重九或重阳就是这个意思。

重阳是菊花的日子，都城盛行赏菊，种类有不少：黄白色而花蕊像莲房一般的是"万龄菊"，粉红色的叫"桃花菊"，花白色而蕊呈红色的叫"木香菊"，黄色而圆的叫"金铃菊"，纯白而大的叫"喜空菊"，上面这些花在都城到处都可看到。

《梦华录》中所记载的这些菊花，在专门研究菊的书上也都可看见，由此可知孟元老并不随意编造故事的。菊花既是那么普遍，又深受人们喜爱，以至于酒家也凑上一份热闹，特别用菊花结成一座洞门，其实这也是应节气的兴头罢了！当然同时也是招徕客人的噱头。

菊花之外就是登高，故事是来自汉代费长房指示桓景避难的说法。费长房是传说中的道家仙人，桓景是他的学生，费长房指出九月九日那天桓景家中有难，要他家人佩带红色囊袋，里面放茱萸，并且登往高处去喝菊花酒，如此灾祸可免。桓景及家人依照行事，到傍晚回来，看到家中鸡犬牛羊都暴毙，费长房说这些禽畜是替桓景一家而死的。登高、饮菊花酒、插茱萸的习俗就流传下来了。

京都附近登高的地方有仓王庙、四里桥、愁台、梁王城、砚台、毛驼冈、独乐冈等地，这些地方在重阳之日，到处是聚会宴饮的人群。

在节日前一两天，应节的食物都已做了，最主要的是蒸糕，不但自己吃，而且也是用来赠送亲友的好礼品，面粉蒸糕还加些花样，上面除了插面剪彩的小旗子外，还掺入了许多类果实，如石榴子、栗子黄、银杏、松子肉等，这种糕不但颜色好看，味道必也可口。还有的用面粉做成狮子蛮王的形状放在糕上，这叫作"狮蛮"。

各禅寺都有斋会，但只有开宝寺、仁王寺有"狮子会"，僧人坐在"狮子"身上，做法事以及演讲，因为风格独特，有新鲜感，颇引人好奇，故而这两座寺庙的游人最多。

九月下旬又开始卖各种冥具，如纸钱、衣、鞋、帽等，是要在十月十五日的下元节中烧祭之用，情形如同中元节一般。

有的记载上还说到皇帝在重阳节要赐给臣下们糕、酒等，糕上插着菊花，宫廷之中过节是与民间相同的。

重阳过后，时令也由习习金风的秋凉，逐渐转为霜雪寒冷的冬天了。

四、冬年岁暖

初冬十月的第一天，官方的服装已然换季。不久就是庆贺皇帝的生日了，但民间似乎没有节庆，立冬算是头一个。俗谓立冬进补，只是个时令名称，《梦华录》中记载得很少。

在立冬前五天，宫廷菜园的西御园进献了冬菜。由于京都位于北方，冬季里蔬菜不易长成，所以得事先作一准备。不只民间如此，宫廷也一样，收藏蔬菜是这几天的大事儿。

载运蔬菜、果实的车马奔驰，充塞城里的大道。当时所出产的有姜豉、剜子、红丝、末脏、鹅梨、榅桲、蛤蜊、螃蟹等，这些东西其实也都是秋季所产。

冬天真正到临了，十一月的冬至为京都中人所重视。官方开放赌博，大家都往来庆贺，犹如过年一般，所以虽然是再贫穷的人家，一年之间，辛苦积存并借债，到这一天也得更换上新的衣帽，筹备饮食，以及祭祀祖先。

冬至的贺礼似乎是起于汉代，在此以前不见古礼上有所记载。皇帝这天要受群臣们朝贺，称之为"排冬仗"，文武百官所穿的朝服有如大礼祭祀一般，这是很特别的，孟元老对于这些都没有记载，他写冬天的重点放在郊祭大礼上面去了。其实在正史上列这天与元旦同样是大朝会之礼，典礼非常隆重的。另外五月朔日原来也是大朝会，大约在神宗皇帝以后就停止。那么就只有元旦、冬至两个大朝会了。

冬至又称为"亚岁"，也就是第二个年节之意，于是冬至的前一夜就成为二除夜或冬除了,是取除夕夜之意。

十二月里开始有过年的讯息了。月初市面上都卖些撒佛花、韭黄、生菜、兰芽、勃荷、胡桃、泽州饧等。

初八日是"腊八",街巷之中有三五僧尼,排成念经的队伍,用银铜沙罗或者其他质地的好盆器,盆中坐有一金铜或木制的佛像,并且浸着香水,以杨树枝沾水洒浴佛像,沿门实行教化,这是浴佛的景象,各大寺庙也做浴佛会,这也正是前面谈到四月八日浴佛节时所说,有以腊八这天浴佛的。寺庙中还备有用七宝、五味制作的粥给门徒食用,这就是"腊八粥",民众家里也都有这种粥食。

腊八当天,寺院还赠送面油给门徒,但也要门徒捐奉灯油钱,以筹备为上元节时所用。面油在民间也是家家互相赠送的。

这个月里,皇帝预赏元宵,地点在景龙门的宝箓宫,因之此地成为京城灯火特别繁盛之处。

二十四日交年,也就是过小年、祭灶神之日。僧、道被请去做法事。家家户户都准备了酒果来送神,烧一种"合家"的纸来替代普通的纸钱,在灶上贴灶马,用酒糟涂抹灶门,这叫作"醉司命",司命就是九天司命的灶神。夜里还要在床底点灯,叫作"照虚耗"。其实有的人家还在厨房、厕所,以至于门下都点灯。

这个月里没什么节序,但富贵人家却会享乐,他们遇到下雪天就开筵席,堆雪狮、雪人之类,还装上雪灯,招引亲朋好友来聚会,在天寒地冻之时,也不失为一种取暖的活动。

愈接近年尾,市面上卖的时物也愈多,如门神图像、钟馗像、桃板、桃符,以及财门钝驴、回头鹿马、天行帖子等物,还有除夕夜要食用的干茄瓠、马牙菜、胶牙饧之类。

从进入十二月后,京都还流行一种"打夜胡"的习俗。凡贫

第七章　民俗与节日

困之人三五个成一队，装扮成妇女、神鬼等，敲锣打鼓地沿门讨钱，他们在门前略为表演一番，表示驱除凶邪之意。这说穿了就是要钱好过年，要钱的方式也不止孟元老所说的这一种，例如有的人扮钟馗、灶神之类的，沿家乞讨钱米，大体上从十五至二十四日为止，这叫作"跳灶王"。

除夕这天终于来临了，宫廷中依习俗举行"大傩仪"，并且以皇城亲事官、禁军各班队的士兵戴假面具，绣画的各色衣服，执着金枪、龙旗等。这"大傩仪"就是驱除疫鬼的习俗，士兵们戴假面具也是仪式中的习惯。民间也有这种习俗，以至于市面上卖起假面具来，而除去驱疫去邪的人要戴以外，有的人家就把它放在门楣上，有的小孩子们为着好玩戴来戏耍。

宫廷里还以教坊使孟景初来扮将军像，他身材魁伟，穿上全副金镀铜甲，威风凛凛，声势吓人，是极恰当的人选。另外有镇殿将军二人，也是身穿甲胄，他们扮作门神。教坊中还有面相较丑恶、身材较魁肥的，他就扮作判官这角色了。其他有扮作钟馗小妹、土地公、灶神之类的，竟然出动了千余人，这一大队的行伍由宫中赶邪祟，直赶出南熏门外的转龙弯，到这里"埋祟"——把邪祟埋葬了，就此大功告成而结束。

除夕夜里，宫廷中爆竹声响与欢呼之声，远传至外。一般民家正是围炉团坐，通宵不睡，这正是"守岁"的大年夜啊！

附录

原典精选

附录 原典精选

附录一

宋徽宗艮岳记

王明清《挥麈后录》二：艮岳宣和壬寅岁始告成，御制为记云。京师天下之本，昔之王者，申画畿疆，相方视址，考山川之所会，占阴阳之所和，据天下之上游，以会同六合，临观八极，故周人胥宇于岐山之阳，而又卜涧水之西，秦临函谷二殽之关，有百二之崄，汉人因之，又表以太华终南之山，带以黄河清渭之川，宰制四海。然周以龙兴，卜年八百，秦以虎视，失于二世，汉德弗嗣，中分二京，何则，在德不在崄也，昔我艺祖，拨乱造邦，削平五季，方是时，周京市邑，千门万肆不改，弃之而弗顾，汉室提封，五方阻山，浮渭，屹然尚在也，舍之而弗都。于胥斯原，在浚之郊，通达大川，平皋千里，此维与宅，故今都邑，广野平陆，当八达之冲，无崇山峻岭，襟带于左右，又无洪流巨浸，浩荡汹涌，经纬于四疆，因旧贯之居，不以袭崄为屏，且使后世子孙，世世修德，为万世不拔之基，垂二百年于兹，祖功宗德，民心固于泰华，社稷流长，过于三江五湖之远，足以跨周轶汉，盖所恃者德而非崄也。然文王之囿，方七十里，其作灵台则庶民子来，其作灵沼则于牣鱼跃，高上金阙则玉京之山，神霄大帝亦下游广爱，而海上有蓬莱三岛，则帝王所都，仙圣所宅，非形胜不居也。传曰：为山九仞，功亏一篑，是山可为，功不可书，于是太尉梁师成董其事，师成博雅忠荩，思精志巧，多才可属，乃分官列职。曰雍、曰琮、曰琳，各任其事，遂以图材付之，按图度地，庀徒僝工，累土积石，畚插之役不劳，斧斤之声不鸣，设洞庭湖口丝溪仇池之深渊，与泗滨林虑灵壁芙蓉之诸山，取瑰奇特异瑶琨之石。即姑苏武林明越之壤，荆楚江湘南粤之野，移枇杷橙柚橘柑榔栝荔枝之木，金蛾玉羞虎耳凤尾素馨渠郍末利含笑之草，不以土地之殊，风气之异，悉生成长养于雕栏曲槛，而穿石出罅，岗连阜属，东西相望，前后相续，左山而右水，后溪而旁陇，连绵弥满，吞山怀谷，其东则高峰峙立。其下则植梅以万数，绿萼承跌，芬芳馥郁，结构山根，号萼绿华堂，又旁有承岚昆云之亭，有屋外方内圆如半月，是名书馆。又有八仙馆，屋圆如规，又有紫石之岩，析真之磴，揽秀之轩，龙吟之堂，清林秀出其南，则寿山嵯峨，两峰并峙，列嶂如屏，瀑布下入雁池，池水清泚涟漪，凫雁浮泳水面，栖息石间，不可胜计，其上亭曰噰噰，北直绛霄楼，峰峦崛起，千迭万复，不知其几千里，而方广无数十里。其西则参术杞菊黄精芎䓖被山弥坞，中号药寮，又禾麻菽麦黍豆秔秋筑室若农家，故名西庄。上有亭曰巢云，高出峰岫，下视群岭，若在掌上，自南徂北，行岗脊两石间，绵亘数里，与东山相望，水出石口，喷薄飞注如兽面。名之曰白龙沜，濯龙峡蟠，秀练光，跨云亭，罗汉岩，又西半山间，楼曰倚翠，青松蔽密布于前后，号万松岭，上下设两关，出关下平地有大方沼。中有两洲，东为芦渚，亭曰浮阳；西为梅渚亭，曰云浪；沼水西流为凤池，东出为研池，中分二馆，东曰流碧；西曰环山；馆有阁曰巢凤，堂曰三秀，以奉九华玉真安妃圣像，东池后结栋山下曰挥云厅。复由磴道盘行萦曲扪石而上，既而山绝路隔，继之以木栈，木倚石排空，周环曲折，有蜀道之难，跻攀至介亭最高，诸山前列，巨石凡三丈许。号排衙巧怪崭岩，藤萝蔓衍，若龙若凤，不可殚穷，麓云半山居右，极目肃森居左，北俯景龙江，长波远岸，弥十余里，其上流注山间西行潺湲为漱玉轩。

附录 原典精选

叉行石间为炼丹凝亭，观圜山亭，下视水际，见高阳酒肆，清斯阁，北岸万竹苍翠蓊郁，仰不见明，有胜筠庵，蹑云台，萧闲馆，飞岑亭，无杂花异木，四面皆竹也。又支流为山庄，为回溪，自山蹊石罅，搴条下平陆，中立而四顾，则岩峡洞穴，亭阁楼观，乔木茂草，或高或下，或远或近，一出一入，一荣一雕，四向周匝，徘徊而仰顾，若在重山大壑幽谷深岩之底，而不知京邑空旷坦荡而平夷也。又不知郛郭寰会纷华而填委也，真天造地设，神谋化力，非人所能为者，此举其梗槩焉，及夫时序之景物，朝昏之变态也。若夫士膏起脉，农祥晨正，万类胥动，和风在条，宿冻分沾，泳渌水之新波，被石际之宿草，红苞翠萼，争笑并开于烟暝，新莺归燕，呢喃百转于木末，攀柯弄蕊，藉石临流，使人情舒体堕，而忘料峭之味，及云峰四起，列日照耀，红桃绿李，半垂间出于密叶，芙蕖菡萏，菁蓼芳苓，摇茎弄芳，倚糜于川湄，蒲孤荇藻，茭菱苇芦，沿岸而泝流，青苔绿藓，落英坠实，飘岩而铺砌，披清风之广莫，荫繁木之余阴，清虚爽垲，使人有物外之兴，而忘扇箑之劳，及一叶初惊，蓐收调辛。燕翩翩而辞巢，蝉寂寞而无声，白露既下，草木摇落，天高气清，霞散云薄，逍遥徜徉，坐堂伏槛，旷然自怡，无萧瑟沉寥之悲，及朔风凛冽，寒云暗幕，万物调疏，禽鸟缩㮚，层冰峨峨，飞雪飘舞，而青松独秀于高巅，香梅含华于冻雾，离榭拥幕，体道复命，无岁律云暮之叹，此四时朝昏之景殊，而所乐之趣无穷也。朕万机之余，徐步一到，不知崇高贵富之荣，而腾山赴壑，穷深探崄，绿叶朱苞，华阁飞升，玩心惬志，与神合契，遂忘尘俗之缤纷，而飘然有凌云之志，终可乐也。及陈清夜之醮，奏梵呗之音，而烟云起于岩窦，火炬焕然半空，环佩杂沓，下临于修涂狭径，迅雷掣电，震动于庭轩户牖，既而车舆冠冕，往来交错，尝甘味酸，览香酌醴而遗沥坠核，纷积床下，俄顷挥霍，腾飞乘云，沉然无声，夫天不人不因，人不天不成，信矣。朕履万乘之尊，居九重之奥，而有山间林下之逸，澡溉肺腑，发明耳目，恍然如见玉京广爱之旧，而东南万里，天台雁荡，凤凰庐阜之奇伟，二川三峡云梦之旷汤，四方之远且异，徒各擅其一美，未若此山并包罗列，又兼其绝胜，飒爽溟滓，参诸造化，若开辟之素有，虽人为之山，顾岂小哉，山在国之艮，故名之曰艮岳，则是山与泰华嵩衡等同固，作配无极，壬寅岁正月朔日记。

附录二

教坊乐部

马端临《文献通考》一四六《乐考一九》，宋朝循旧制，教坊凡四部，其后平荆南得乐工三十二人，平西川得一百三十九人，平江南得一十六人，平太原得一十九人，余藩臣所贡者八十三人，又太宗藩邸有七十一人，由是四方执艺之精者，皆在籍中，每春秋圣节三大宴，其第一皇帝升座，宰相进酒，庭中吹觱篥以众乐和之，赐群臣酒，皆就坐，宰相饮，作倾杯乐，百官饮，作三台，第二皇帝再举酒，群臣立于席后，乐以歌起，第三皇帝举酒如第二之制，以次进食，第四百戏皆作，第五皇帝举酒如第二之制，第六乐工致辞，继以诗一，谓之口号。皆述德美及中外蹈咏之情，初致辞群臣皆起，听辞毕再拜，第七合奏大曲，第八合奏皇帝举酒殿上，独弹琵琶，第九小儿队舞，亦致辞以述德美，第十杂剧罢，皇帝起更衣，

附录　原典精选

第十一皇帝再坐举酒殿上，独吹笙，第十二，楚蹴鞠，第十三皇帝举酒殿上，独弹筝，第十四女弟子队舞，亦致辞如小儿队，第十五杂剧，第十六皇帝举酒如第二之制，第十七奏鼓笛曲，或用龟兹，第十八皇帝举酒如第二之制，食罢，第十九角抵，宴毕，其御则酺大宴，崇德殿宴契丹使，唯无后场杂剧及女弟子舞队，台南设灯山，每上元观灯，楼前设露台，台上奏教坊乐，乐舞小儿队，台南设灯山，灯山前陈百戏山棚，上用散乐舞女弟子。余曲宴赏花，习射观稼，凡所游幸，但奏乐行酒杂剧，庆节上寿，及将相入辞赐酒，则止奏乐，所奏凡十八调四十大曲，一曰正宫调，其曲三，曰梁州、瀛府、齐天乐。二曰中吕调，其曲二，曰万年欢剑器，三曰道调宫，其曲三，曰梁州、薄媚、大胜乐。四曰南吕宫，其曲二，曰瀛府、薄媚。五曰仙吕宫，其曲三，曰梁州、保金枝、延寿乐。六曰黄锺宫，其曲三，曰梁州、中和乐、剑器。七曰越调，其曲二，曰伊州、石州，八曰大石调，其曲二，曰清平乐、大明乐。九曰双调，其曲三，曰降圣乐、新水、采莲。十曰小石调，其曲二，曰胡渭州、嘉庆乐。十一曰歇指调，其曲三，曰伊州、君臣相遇乐、庆云乐。十二曰林锺商，其曲三，曰贺皇恩、泛清波、胡渭州。十三曰中吕调，其曲二，曰六么、道人欢。十四曰南吕调，其曲二，曰六么、罢金钲。十五曰仙吕调，其曲二，曰六么、彩云归。十六曰黄锺羽，其曲一，曰千春乐。十七曰般涉调，其曲二，曰长寿仙、满宫春。十八曰正平调，无大曲、小曲无定数，不用者有十调，一曰高宫，二曰高大石，三曰高般涉，四曰越角，五曰大石角，六曰高大石角，七曰变调角，八曰小石角，九曰歇指角，十曰林锺角。乐用琵琶、箜篌、五弦、笙、筝、觱篥、笛、方响、羯鼓、杖鼓、大鼓、拍板、法曲部，其曲二，一曰道宫调望瀛，二曰小石调献仙音，乐用琵琶、箜篌、

东京梦华录：大城小调

五弦、笙、觱篥、笛、方响、拍板、龟兹曲部，其曲皆双调，一曰宇宙清，二曰感皇恩，乐用觱篥、笛、羯鼓、腰鼓、楷鼓、鸡娄鼓、鼗鼓、拍板、鼓笛部。乐用三色笛、杖鼓、拍板、队舞之制。其名各十，小儿队凡七十二人。一曰柘枝队，衣五色绣罗宽袍，戴胡帽，系银带。二曰剑器队，衣五色绣罗襦，裹交脚幞头，红罗绣抹额，器仗。三曰婆罗门队，衣紫罗僧衣，绯挂子，执锡镮拄杖。四曰醉胡腾队，衣红锦襦，系鞊鞢，戴毡帽。五曰诨臣万岁乐队，衣紫绯绿罗宽衫，诨裹簇花帽头。六曰儿童感圣乐队，衣青罗生色彩，系勒帛，总两角。七曰玉兔浑脱队，衣四色绣罗襦，系银带，冠玉兔冠。八曰异域朝天队，锦襦，系银束带，冠番冠，执宝盘。九曰儿童解红队，衣紫徘绣襦，系银带，冠花砌凤冠，带绶带。十曰射雕回鹘队，衣盘雕锦襦，系银鞊鞢，射雕盘，女弟子队一百五十三人。一曰菩萨蛮队，衣生、绯生色穿窄砌衣，冠卷云冠。二曰感化乐队，衣青罗生色通衣，背梳髻，系绶带。三曰抛球乐队，衣四色绣罗宽衫，系银带，捧绣球。四曰佳人翦牡丹队，衣红生色砌衣，戴金凤冠，翦牡丹花。五曰拂霓裳队，衣红仙砌衣，碧霞帔，戴仙冠，系抹额。六曰采莲队，衣红罗生色绰子，系晕裙，戴云鬟髻，乘彩船，执莲花。七曰凤迎乐队，衣仙砌衣，戴云鬟凤髻。八曰菩萨献香花队，衣生色窄砌衣，戴宝冠，执香花盘。九曰彩云仙队，衣黄生色道衣，紫霞帔，冠仙冠执，执幢节鹤扇。十曰打球乐队，衣四色窄绣罗襦，系银带，裹顺风脚簇花幞头，执球仗，大抵若此，而从宜变易，建隆中，教坊都知李德升作长春乐曲。明年，教坊高班都知郭延，又作紫云长寿乐，鼓笛以奏御焉。

附录三
圆社摸场

陈元靓《事林广记》戊集二，圆社摸场四海齐云社，当场蹴气球，作家偏着所，社最风流，况是青春年少，同辈朋俦，向柳巷花街觑赏，在红尘紫陌追游，脱履拧来，凭眼活认，冥为有准，扠儿扶住，唯口鸣戏，踢乃无忧，右搭右花跟，似乌龙儿摆尾，左侧左虚挖，似丹凤子摇头，下住处全在低算，打着人惟仗推收，使力藏力，以柔取柔，集闲中名为一绝，决胜负分作三筹，俺也丝鞋罗袴，短帽轻裘，襟沾香汗湿，袜污软尘浮，佩剑仙人时侧目，撑梭玉女巧凝眸，粉钳儿前后仰身。身移不浪，金剪刀往来移步。步过频偷，况乎奢华治世，豪富皇州，春风喧鼓吹，化日沸歌讴，欢笑对吴姬越女，繁华胜桑瓦潘楼，湖山风物，花月春秋，四圣观柳边行乐。三天竺松下优游，乐事赏心难并四美，胜友良朋无非五侯，心向闲中着，人于侳裹求，凡来踢圆者，必不是方头。《齐云社规》：以鼻为界分左右，是在左使左，在右使右，侧边依拐，在肩使肩，在膝使膝，是搭使搭，当肷即肷，并要步活眼亲，两手如提重物，方为圆社，不许入步拐，不许退步搭，不许入步肩，不许退步背，不许入步蹴，不许入步膝。要四厢不背，用远近着人，狂风起不踢，酒后不许踢，才下场。他人打论来复接住气球，为同踢人曰厮带挟，与在场人一揖，还肷丝与下手，先小踢，次官场。次高而不，或打二，或落花流水，或打花心，或皮破，或白打放踢，并不许小踢，踢罢，与众云。重承带挟，各一揖，并要依此规矩，故云下圆。《下脚文》：几回运动，戏要欢生，昂头取巧，额尖入鬓更朝天,直下便宜,鞋叉脱靴并八字,类跷搕膝,气要崧匀,使偷头十字拐,缠脚面凤番身,肩孤微稳,番成转头燕归窠。白捺才停,变化背妆花肶膝,最好是搕罗儿巧,无过是鲍老价肩,犹胜花脚根,争似剪刀股,岂如双绣带,于中风范,须臾绕项粉钳儿,喝采工来,捻指番成急料拐,锁腰拐行家拍踢,累孛图浪子难施,论来得高,使花肩和肩偷北肩。论来得低,使虚蹬蹑蹬,论来得浅,使魃搭么招头搭,论来得深,使正骑背骑斜飞骑,论踢时四厢不背,论打后远近着人,膝高三丈二,肷打十三间,脚头教方踢,解数百千般,肩背拍拽捺控膝拐搭肷总诀。肩如手中持重物,用背慢下快回头,拐要控膝蹲腰取,搭用伸腰不起头,控时须用双睛顾,捺用肩尖微指高,拽时且用身先倒,右膝左手略微高,胸拍使了低头觑,何必频频问绿杨。《球门社规》:初起头用脚头踢起与骁色挟住至球头右手立,倾下球头膝上,用膝累起一筑过。不过撞在网子擞下来,着网人踢住与骁色,骁色复挟住,仍前去顿袄球头膝上筑过,左右军同,或赛三筹,或赛五筹,先拈卷子,分前后筑过,数多者赢,正副七人,直候那一边筑过,从球门里过来,看落何处踢住,却踢与挟副,挟副踢与正副,正副踢与骁色,骁色挟住过球头,来与球头,如正副踢住,却踢与骁色,骁色挟住去球头令筑与骁色踢住,便与球头筑过。白打社规右班踢在左班围内,左班踢脱输一筹,杂踢得活亦输一筹,但只许拐搭踢住,若出围下住复入围内打对班赢两筹,若对班踢住赢两筹,若是对班踢脱输三筹。

附录四
小说

郎瑛《七修类稿》二十二，小说起宋仁宗，盖时太平盛久，国家闲暇，日欲进一奇怪之事以娱之，故小说得胜，头回之后即云话说赵宋某年，间阎淘真之本之起，亦曰太祖太宗真宗帝，四帝仁宗有道君，罗烨醉翁谈录甲集，小说开辟云，夫小说者，虽为末学，尤务多闻，非庸常浅识之流，有博览该通之理，幼习太平广记，长攻历代史书，烟粉传奇，素蕴胸次之间，风月须知，只在唇吻之上，夷坚志无有不览，琇莹集所载皆通，动哨中哨，莫非东山笑林，引倬底倬，须还绿窗新话，论才词有欧苏黄陈佳句，说古诗是李杜韩柳篇章，举断摸按，师表规模，靠敷演令看官清耳，只凭三寸舌褒贬是非，略呧万余言讲论古今，说收拾寻常有百万套，谈话头动辄是数千回，说重门不掩底相思，谈闺合难藏底密恨，辨草木山川之物类，分州军县镇之程途，讲历代年载废兴，记岁月英雄文武，有灵怪烟粉传奇公案，兼朴刀杆棒妖卫神仙，自然使席上风生，不枉教坐间星拱，说扬元子，汀州记，崔智韬，李达道，红蜘蛛，铁瓮儿，水月仙，大槐王，妮子记，铁车记，葫芦儿，人虎传，太平钱，芭蕉扇，八怪国，无鬼论，此乃是灵怪之门庭，言推车鬼，灰骨匣，呼猿洞，闹宝录，燕子楼，贺小师，杨舜俞，青脚狼，错还魂，侧金盏，刁六十，斗车兵，钱塘佳梦，锦庄春游，柳参军，牛渚亭，此乃为烟粉之总龟，论莺莺传，爱爱词，张康题壁，钱榆骂海，鸳鸯灯，夜游湖，紫香囊，徐都尉，惠娘拍偶，王魁负心，桃叶渡，牡丹记，花萼楼，章台柳，卓文君,李亚仙,崔护觅水,唐辅采莲,此乃谓之传奇,言石头孙立,姜女寻夫,忧小十,驴垛儿,大烧灯,商氏儿,三现身,火杴笼,八角井,药巴子,独行虎,铁秤槌,河沙院,戴嗣宗,大朝国寺,圣手二郎,此乃谓之公案。论这大虎头,李从吉,杨令公,十条龙,青面兽,季铁铃,陶铁僧,赖五郎,圣入虎,王沙马海,燕四马八,此乃为朴刀局段。言这花和尚,武行者,飞龙记,梅大郎斗刀楼,拦路虎,高拔钉,徐京落草,五郎为僧,王温上边,狄昭认父,此为杆棒之序头,论种搜神记,月井文,金光洞,竹叶舟,黄粱梦,粉合儿,马谏议,许岩,四仙斗圣,谢溏落梅,此是神仙之套数,言西山聂隐娘,村邻亲,严师道,千圣姑,皮箧袋,骊山老母,贝州王则,红线盗印,丑女报恩,此为妖术之事端。也说黄巢拨乱天下,也说赵正激恼京师,说征战有刘项争雄,论机谋有孙庞斗智,新话说张韩刘岳,史书讲晋宋齐梁,三国志诸葛亮雄才,收西夏说狄青大略,说国贼怀奸从佞,遗愚夫等辈生嗔,说忠臣负屈衔冤,铁心肠也须下泪,讲鬼怪令羽士心寒胆战,论闺怨遗佳人绿惨红愁,说人头厮挺令羽士快心,言两阵对圆使雄夫壮志,谈吕相青云得路,遗才人着意群书,演霜林自日升天,教隐士为初学道,噇发迹话使寒门发愤,讲负心底令奸汉包羞,讲论处不滞搭不絮烦,敷演处有规模有收拾,冷淡处提掇得有家数,热闹处敷演得越长久,曰得词,念得诗,说得话,使得砌,言无讹舛,遗高士善口赞扬,事有源流,使才人怡神嗟讶。

附录五
大起居

陈世崇《随隐漫录》一，紫宸殿上寿，三十三拜，三舞蹈，初面西立，合门进班齐牌，上升座鸣鞭，侍卫起居，移班北面，躬身听赞两拜起，直身揖笏，三舞蹈，跪左膝，三叩头，出笏就一拜，又两拜躬身竢班首奏圣躬万福，再听赞拜两拜，移班如初，殿中监升殿诣酒尊所，教坊起居，殿侍进御茶床，又北面躬身听赞拜两拜，直身立，上公升殿注酒诣御座前躬进，俯伏致辞，并躬身竢上公降阶复位，听赞拜两拜起躬身，竢枢密宣答，听赞拜两拜，移班如初，上公升殿立御座东，乐作上饮毕，上公受盏，降阶复位，北面躬身听赞拜两拜，舞蹈如初，不该赴座官先退，赴座官躬身听枢密诣折槛东宣答讫，听赞拜两拜升阶立，席后，竢进酒，乐作上饮毕，舍人赞各赐酒，躬身听赞拜两拜起，赞各就座，立如故，复赞乃坐，酒行，先上公，次百官，揖笏执盏立席后，躬身饮讫，听赞拜两拜，复坐食，至揖笏执碟，出笏再进酒如上，礼三行，舍人曰可起立席后，竢上公御座前俯伏跪奏复位，降阶北面，听赞拜两拜，舞蹈如初，鸣鞭卷班，凡正旦朝贺一十九拜，三舞蹈，初面西立，上升座，合门起居，班首以下躬身北面，竢舍人宣名讫，听赞拜两拜，舞蹈如前礼，躬身竢班首奏圣躬万福，听赞拜两拜起直身立，竢枢密升殿，班首出班俯伏致辞，并躬身竢班首复位，听赞拜两拜，舞蹈如初起，躬身竢枢密承旨诣折槛东，称有制，两拜起，躬身竢枢密宣答讫，听赞拜两拜，舞蹈如初，凡冬至朝贺一十二拜，一舞蹈，初百官面西立

东京梦华录：大城小调

仪仗以下，起居知合次之，次读奏，自舍人宣班首以下起居称贺，北面躬身听赞拜两拜起，舞蹈如初起，躬身竢班首奏圣躬万福，听赞拜两拜起，直身立，竢枢密升殿，班首致辞宣答如正旦礼，凡朔望起居九拜，一舞蹈，初读奏，自知合御带行门以下常起居，殿中侍御史大起居七拜，百官躬身听舍人宣班首名，北面听赞拜两拜，舞蹈如初，不候赞两拜，班首不离位，奏圣躬万福，躬身听赞拜两拜起，躬身听赞，各祇候卷班，凡上殿轮对，初面西立，舍人引北面，躬身听赞拜声绝两拜起，躬身听赞祇候直身立，引稍前两步，再躬身听赞拜两拜起，躬身听赞祇候面西立，竢三省奏事退，引升殿，立东南角，舍人前奏衔位姓名上殿，因依引赴御座左，侧身立，摺笏当殿，未出笏入手，及横执札子为失仪，如有宣谕，即口奏云，臣官不该殿上拜，容臣奏事毕，下殿谢恩，奏事毕，依旧路下殿，北面不候赞两拜随班，凡谢恩初面西立，舍人奏姓名，引北面，赞拜两拜，出殿致词归位，赞两拜舞蹈，听赞祇候退，凡朝辞面西立，舍人奏姓名引北面，赞两拜不出班，奏圣躬万福，又赞两拜出班致辞复位，又赞两拜，赞好去，如有赐物，宣有敕，即摺笏舞蹈三拜，凡赐茶引北面，躬身奏圣躬万福，赞两拜，赞就座，升殿立席后，再赞乃坐，茶至摺笏出笏降阶，赞两拜，赞祇候退。

附录六
《宋史·礼志》中所记

天宁节上寿仪

徽宗以十月十日为天宁节,定上寿仪:皇帝御垂拱殿,群臣通班起居毕,分班,从义郎以下医官、待诏等先退。知引进司官一员读奏目,知东上合门官一员奏进寿酒,由东阶升,舍人通教坊使以下赞再拜,奏圣躬万福,又再拜,复位。次看盏人稍前,舍人赞再拜,赞上殿祇候,分东西两陛立,俟进酒升殿。次舍人引亲王入殿庭,北向立,赞再拜,班首奏万福。舍人引进奉西入,列于亲王后,酒器檐床置马前,揖天武躬奏万福,进奏马先出。内侍进御茶床,殿中监酹酒讫,知东上合门官殿上躬奏"亲王某以下进寿酒"。舍人揖亲王以下躬赞再拜,乃引亲王二员升殿,知东上合门官引诣御坐前,(舍人东阶下西向立,后准此。)尚酝典御奉盘、盏授班首,摺笏受盘、盏,西向立,奉御启盏,亲王一员摺笏注酒,班首奉诣御坐东进讫,少退,虚跪,兴,以盘授典御,退,合门引降阶。舍人引当殿北向立,东上,赞拜,兴,摺笏跪奉表,舍人接表,一员在东,余诣亲王西,置表笏上,授引进。知引进司官殿上读奏目,退,亲王以下俯伏,兴,躬,舍人赞再拜,引班首升东阶,余殿下分立,合门引诣御坐东,北向摺笏,尚酝典御如前奉盘立,乐作,皇帝饮讫,受盏,复位,再拜如上仪。知引进司官诣折槛东,西向宣曰"进奉收"。赞拜,舞蹈,又再拜,西出。亲王以下赴紫宸殿立班。引进官宣"进奉出",天武奉进奉以出。合门复立殿上,教坊使赞送御酒,又再拜,教坊致语讫,赞再拜,退。次枢密官上寿,次管军观察以上上寿、进奉并如仪。内侍举御茶床,舍人赞教坊使以下谢祗应,再拜讫,合门侧奏无公事。

皇帝赴紫宸殿后合受群臣上寿。质明,三公以下百僚并于殿门外就次,东上合门、御史台、太常寺分引入诣殿庭东西立。合门附内侍进班齐牌,皇帝出合,禁卫诸班亲从迎驾,自赞常起居。皇帝升坐,鸣鞭,礼直官、通事舍人引三公至执政官,御史台、东上合门分引百官,并横行北向立,典仪赞再拜,舞蹈,班首奏万福,又再拜讫,分东西立。礼直官引殿中监、少监升东阶,诣酒尊所稍西,南向西上立,舍人揖教坊使以下通班大起居,次看盏人谢升殿,赞再拜。内侍进御茶床,殿侍酹酒讫,礼直官、通事舍人分引三公至执政官,御史台、东上合门分引百僚,并横行北向立,典仪赞再拜,赞者承传,在位官皆再拜。礼直官、通事舍人引上公升东阶,东上合门官接引升殿,授盏、启盏如上仪。上公诣御坐俯伏跪奏:"文武百僚、上公具官臣某等稽首言:天宁令节,臣等不胜大庆,谨上千万岁寿。"俯伏,兴,退,降阶,舍人接引复位,典仪赞再拜讫,礼直官知枢密院官诣御坐前承旨,退诣折槛稍东,西向宣曰:"得公等寿酒,与公等内外同庆。"典仪赞拜如仪,百官分东西立。礼直官、通事舍人引上公升东阶,东上合门官接引诣御坐东,搢笏,殿中监授盘,上公奉进御坐东,北向,乐作,皇帝饮讫,合门引接盏,降,复位,典仪赞拜如上仪。宗室遥郡以下先退。礼直官引枢密院官诣御坐前承旨,退诣折槛稍东,宣曰:"宣群官升殿。"典仪赞拜讫,礼直官、通事舍人分引三公以下升东阶,亲王、使相以下升西阶;御史台、东上合门分引秘书监以下升两朵殿,并东西廊席后立。尚酝典御以盏授殿中监,奉御启盏,殿中监西向立,殿中少监以酒注于盏(第二、第三准此),奉诣御坐前,躬进讫,少退,奉盘西向立。乐作,皇帝饮讫,殿中监接盏退,授奉御,出笏复位。通事舍人分引殿上官横行北向,舍人赞再拜,典仪曰"再拜",赞者承传,皆再拜。舍人赞就座,各立席后,复赞就坐,群官皆坐。酒初行,先宰臣,次百官,皆作乐。尚食典御、奉御进食,太官设群官食,皇帝再举酒,群官兴,立席后,乐作,饮讫,舍人赞就坐,再行群官酒,皇帝三举酒,并如第二之仪。酒三行,舍人曰"可起",群官兴,立席后。若宣盏示,即随东上合门官以下揖,称"宣示盏"、躬,赞就坐。若宣劝,即立席后,躬,饮讫,赞再拜。内侍举御茶床。礼直官引左辅诣御坐前北向俯伏跪奏:"左辅具官臣某言礼毕。"俯伏,兴,退,复位。礼直官、通事舍人分引三公以下文武百僚降阶横行北向立,枢密院在亲王后,典仪赞再拜,皆舞蹈再拜退。